FACULTÉ DE DROIT DE PARIS.

DE L'ACQUISITION DES FRUITS

EN DROIT ROMAIN ET EN DROIT FRANÇAIS.

THÈSE

POUR LE DOCTORAT

PAR

ALFRED METTETAL

AVOCAT A LA COUR IMPÉRIALE DE PARIS,

BACHELIER ÈS SCIENCES,

ATTACHÉ AU CABINET DE S. EXC. LE GARDE DES SCEAUX, MINISTRE DE LA JUSTICE

PARIS

TYPOGRAPHIE DE HENRI PLON,

IMPRIMEUR DE L'EMPEREUR,

RUE GARANCIÈRE, 8.

1863

FACULTÉ DE DROIT DE PARIS.

DE L'ACQUISITION DES FRUITS

EN DROIT ROMAIN ET EN DROIT FRANÇAIS.

THÈSE
POUR LE DOCTORAT

SOUTENUE

Le mercredi 4 février 1863, à deux heures après midi,

PAR

Joseph-Frédéric-Alfred METTETAL,

AVOCAT A LA COUR IMPÉRIALE DE PARIS,
BACHELIER ÈS SCIENCES,
ATTACHÉ AU CABINET DE S. EXC. LE GARDE DES SCEAUX, MINISTRE DE LA JUSTICE.

En présence de M. l'inspecteur général GIRAUD.

PRÉSIDENT : M. MACHELARD, professeur.

SUFFRAGANTS :
MM. BUGNET,	professeurs;
COLMET D'AAGE,	
DEMANGEAT,	
GIDE,	agrégé.

PARIS

TYPOGRAPHIE DE HENRI PLON,

IMPRIMEUR DE L'EMPEREUR

RUE GARANCIÈRE, 8.

—

1863

A SON EXCELLENCE

MONSIEUR DELANGLE

GARDE DES SCEAUX, MINISTRE DE LA JUSTICE,
GRAND'CROIX DE LA LÉGION D'HONNEUR, SÉNATEUR, MEMBRE DE L'INSTITUT,
ETC.,

HOMMAGE DE RESPECTUEUSE ET PROFONDE GRATITUDE.

PRÉLIMINAIRES.

Le mot *fruits*, pris dans son acception la plus étendue, s'applique à tout ce qui naît d'une chose comme à tout ce qui est perçu à son occasion : *Quidquid in fundo nascitur, quidquid inde percipi potest, ipsius fructus est.* (L. 9, De usuf.)

Les fruits se divisent donc en deux classes : les uns, résultant d'un germe de production et de reproduction, produits immédiats de la chose, prennent le nom de *fruits naturels ;* les autres, que l'on retire à l'occasion de la chose et en général par l'effet d'un contrat dont la chose est l'objet, sont connus sous le nom de *fruits civils.*

Cette thèse ne traitera cependant que des fruits naturels. Ainsi que le remarque Dumoulin, *fructus civiles non proprio dicuntur fructus rei, sed potius obventiones, quia non ex ipso corpore, sed ex alia causa perveniunt....* En effet, la notion primitive de fruits se rattache aux lois de la nature organique. Les êtres physiques que, conformément à ces lois, produit et reproduit une chose sans altération de sa substance, sont donc les seuls fruits proprement dits. Sans doute les revenus que l'on perçoit à l'occasion de la chose présentent quelques-uns des caractères des fruits proprement dits, et notamment la reproduction périodique, la vraisemblance de cette production, la valeur qu'elle donne au bien principal, etc. C'est pourquoi *fructibus naturalibus aequiparantur.* — Mais ces

revenus reposent purement et simplement sur des actes
juridiques et n'ont rien de commun avec les lois de la
nature organique Ce ne sont pas des fruits dans le sens
rigoureux du mot; ce ne sont que des fruits fictifs et lé-
gaux, des *fruits civils* en un mot. En conséquence, nous
devons les laisser de côté, puisque nous n'avons voulu
traiter ici que de l'acquisition des fruits véritables.

Quelles sont les diverses personnes qui peuvent prétendre aux fruits *naturels;* comment et à quelles conditions elles les acquièrent : voilà le sujet de cette thèse.
Je ferai remarquer que sur cette importante matière,
ni les jurisconsultes romains, ni les rédacteurs du Code
n'ont cru devoir donner une théorie générale. Il m'a
fallu parcourir presque tout le droit, rechercher les
textes épars relatifs à mon sujet, rapprocher ces textes
les uns des autres, essayer de faire ressortir les principes
de la matière de règles édictées pour des cas particuliers.
— On comprend que si un pareil travail présente un
grand intérêt, il offre aussi de très-grandes difficultés.
Je ne crois donc pas avoir besoin de dire qu'en l'entre-
prenant j'ai compté sur une extrême indulgence de la
part de ceux qui voudraient bien en examiner les résultats.

DROIT ROMAIN.

GÉNÉRALITÉS.

Tous les fruits sont sans aucun doute des produits de la chose. Mais tous les produits, dans le sens technique de ce mot, ne sont pas des fruits.

En effet, les *fruits* proprement dits sont les produits réguliers, ordinaires, annuels ou périodiques de la chose, ceux qui se reproduisent et qui reviennent soit d'année en année, soit à d'autres intervalles : d'où le mot *reditus* par lequel on les désigne souvent.

Les *produits*, au contraire, sont les objets que la chose n'est pas destinée à donner régulièrement, qui en forment, pour ainsi dire, une partie intégrante et que l'on en détache accidentellement, extraordinairement.

Les Romains rangent parmi les fruits le blé et les autres céréales, — les fruits des arbres, les olives, les raisins, — le lait, la laine et le poil des animaux, — les rayons des abeilles, etc.; admettant que dans certaines carrières les vides faits par le travail des ouvriers peuvent se combler par les forces réparatrices de la nature, opinion qui d'ailleurs n'est pas dénuée de tout fondement, ainsi que l'a démontré Buffon, ils considèrent également comme fruits le produit de ces carrières *in quibus lapis crescere possit* (L. 48, *De fundo dot.*), et laissent dans la classe des produits proprement dits les pierres extraites des carrières qui sont réputées ne pas se renouveler, par exemple les carrières de marbre.

Sont encore *fruits* les coupes de bois taillis, *sylvæ cœduæ*. En effet, les bois taillis sont destinés à être coupés plusieurs fois pendant la vie d'un homme, à des époques périodiques et régulières plus ou moins rapprochées, et recèlent en eux un principe de production et de reproduction.(1). Au contraire, les bois de haute futaie non aménagés, *grandes arbores*, sont des produits, car le long espace de temps que la nature emploie à les produire les fait regarder comme une partie intégrante de la substance même du sol, *tanquam super imposita et permanens super-ficies* (L. 10 et 11, *De usuf.*).

Après quelques hésitations, les anciens jurisconsultes mirent au nombre des fruits le croît des animaux, *fœtus* (L. 68, § 1, *De usuf.*). Quelques-uns d'entre eux prétendirent même qu'on devait sur ce point assimiler complétement le *partus ancillæ* au croît des animaux. Ce n'était que logique, puisque le droit romain regardait l'esclave comme une sorte de bête de somme. Néanmoins, l'opinion contraire, proposée par Brutus, prévalut et par cette seule raison : *Absurdum enim videbatur hominem in fructu esse, cum omnes fructus rerum natura hominum gratia comparaverit* (L. 28, *De usuris; L. 68, pr. De usuf.*). En réalité, en se refusant à faire de l'enfant d'une esclave un fruit, les jurisconsultes romains obéirent, par un sentiment instinctif, au respect dû à la dignité de l'homme.

---

(1) *Sylva cædua est, ut quidam putant, quæ in hoc habetur, ut cæde-retur. Servius eam esse, quæ succisa, rursus ex stirpibus aut radicibus renascitur.* (L. 30, pr. De verb. signif.)

Tels sont les principaux fruits. Mais il faut remarquer que certains produits peuvent passer dans la catégorie des fruits lorsqu'ils cessent d'être extraordinaires et qu'ils deviennent, comme les fruits, l'objet d'une perception régulière et périodique résultant de la destination que l'homme a donnée à la chose. C'est ce qui arrive lorsque le propriétaire a aménagé ses futaies ou mis sa carrière en exploitation (L. 13, § 5, *De usuf.*).

On distingue d'ordinaire deux espèces de fruits : les fruits *naturels* et les fruits *industriels*. Les fruits *naturels* sont ceux que la chose produit d'elle-même et sans culture. Les fruits *industriels* sont ceux que l'on obtient par la culture. Cette division a, selon nous, un double inconvénient : d'abord elle est sans aucun intérêt pratique; en second lieu, la limite qui sépare les fruits naturels des fruits industriels est difficile à saisir. Souvent, en effet, on ne peut déterminer à quelle classe appartient tel ou tel fruit. Ainsi le produit et le croît des animaux semblent être des fruits naturels, car la nature seule les fait naître; mais les soins, la nourriture, le logement des animaux ne peuvent-ils pas faire ranger ces produits parmi les fruits industriels? En fait, la nature ne donne presque rien sans travail; elle ne produit le plus souvent que de compte à demi avec l'homme, et il n'y a guère que des fruits industriels.

Une division beaucoup plus utile est celle qui consiste à distinguer les fruits suivant qu'ils sont encore attachés à la matière qui les a produits ou qu'ils en ont été séparés. En effet, les *fruits pendants (fructus pendentes* ou *stantes)* n'ont aucune existence propre et sont moins des fruits que des parties de la chose frugifère : *Fructus pendentes pars fundi videntur* (L. 44, *De rei vindic.* — L. 26, § 1, *De furt.*). Au contraire, les fruits séparés (*fructus separati*) ne sont pas de simples choses accessoires, mais deviennent de véritables fruits.

CHAPITRE PREMIER.

DE L'ACQUISITION DES FRUITS PAR LE PROPRIÉTAIRE ET LE POSSESSEUR.

SECTION PREMIÈRE.

DU DROIT DU PROPRIÉTAIRE EN GÉNÉRAL.

La propriété d'une chose frugifère serait presque toujours vaine et stérile si on la séparait du droit aux produits que cette chose peut donner. On peut dire que sans les fruits le propriétaire ne serait guère plus avancé que s'il n'avait rien. Dans la plupart des cas, pour retirer de sa chose quelque utilité, il serait obligé de l'aliéner et de dissiper le prix qui la représenterait. Aussi toutes les nations qui ont consacré le droit de propriété ont-elles considéré le droit aux fruits comme en étant une conséquence nécessaire; de sorte qu'en matière d'acquisition des fruits, l'acquisition par le propriétaire est la règle naturelle. Nous verrons en effet, en droit romain comme en droit français, que si aucun fait anormal ne se produit, si la propriété n'est pas démembrée et si elle reste unie au fait de possession, si le propriétaire ne se soumet pas à l'obligation de laisser exercer son droit par d'autres personnes, c'est pour lui que naissent les fruits et c'est lui seul qui peut les percevoir. Les rédacteurs des Institutes n'ont même pas cru devoir consacrer ce droit du propriétaire dans un texte spécial et se sont contentés d'en donner une application dans le § 19, *De rer. divis.*

Mais cette acquisition des fruits par le propriétaire résulte-t-elle directement de ce que celui-ci est maître de la chose frugifère, ou faut-il ne voir dans cette acquisition qu'une application de la théorie de l'accession ? C'est là une question intéressante à résoudre, quoique, à la vérité, elle ne présente pas d'intérêt pratique.

On sait que les interprètes du droit romain, pour expliquer une série de décisions données par les Instituts et le Digeste, ont eu recours à une théorie fort simple et fort séduisante. Selon eux, toutes ces décisions ne sont que des applications d'une même règle, règle qu'on ne trouve pas exprimée clairement dans les textes romains, mais qui n'en guidait pas moins les jurisconsultes, et qu'on peut formuler ainsi : Lorsqu'un objet s'accroît, s'étend, se modifie par l'adjonction d'un autre objet, il faut distinguer quelle est la chose principale, quelle est la chose accessoire, et décider que la seconde est par cela seul acquise au maître de la première en vertu de cette maxime : *Accessorium sequitur principale.* Ainsi l'*accession* ou la jonction de deux choses aurait été, en droit romain, un mode d'acquisition, et des plus importants, recevant son application dans des cas nombreux. Cette idée est loin d'être partagée par tous les auteurs. Et, en effet, si on trouve dans les textes du droit romain le mot *accessio*, ce n'est jamais que pour désigner l'accessoire lui-même, l'objet réuni accessoirement à un autre objet et en formant comme une dépendance. Nulle part ce terme n'est employé pour indiquer un mode d'acquérir. Or, si la théorie que nous venons de rappeler était vraie, il nous semble que les jurisconsultes romains ne se seraient pas bornés à n'en donner que des applications, qu'ils auraient consacré dans quelques textes positifs une manière d'acquérir aussi importante, qu'enfin ils lui auraient eux-mêmes donné un nom. On a d'ailleurs fait remarquer que dans les cas qui ont servi de base à cette théorie de l'accession, s'il y avait acquisition de la propriété, c'était que le fait de la jonction de deux choses, l'une accessoire, l'autre principale, venait se combiner avec les principes d'un véritable mode d'acquérir, l'*occupation*. En effet, toutes les fois que la jonction ne produit pas un objet nouveau, toutes les fois que la séparation est possible, le propriétaire de l'objet accessoire en conserve la propriété. Ainsi, dans le cas d'un habit bordé de pourpre, le propriétaire de la pourpre a l'action *ad exhibendum* pour faire détacher la pourpre, à l'effet de pouvoir ensuite la revendiquer comme chose individuelle et distincte. Nous serions donc tenté de rejeter l'accession du nombre des événements qui font acquérir la propriété. Mais ceux-là mêmes qui persistent dans l'opinion contraire peuvent-ils soutenir que l'acquisition des fruits par le propriétaire n'est qu'une application de l'accession et une conséquence de ce que tout ce qui est produit par une chose en est regardé comme l'accessoire ? Évidemment non. En effet, tant que les fruits sont renfermés dans le sein de la chose, ils en font une partie intégrante et homogène ; il n'y a, pendant tout ce temps, qu'un seul et unique objet, un fonds chargé de récoltes, un arbre couvert de fruits, une génisse pleine, etc.; mais il n'y a pas deux choses distinctes, l'une principale, l'autre accessoire, le fonds et les récoltes, l'arbre et les fruits, la génisse et le veau. (L. 44, *De rei vind.* L. 12, *C. De rei vind.* L. 25, § 6, *Quæ in fraud. cred.* L. 66, *De adq. rer. dom.*) Ainsi, après la formation des fruits, il n'y a pas un nouveau bien, il n'y a qu'un seul et même bien, et

dès lors ce n'est pas ici que la théorie de l'accession peut
recevoir son application. Sera-ce lorsque les fruits vien-
dront à être séparés du sol? Sans doute, par la séparation,
les fruits deviennent des êtres distincts du fonds auquel
ils adhéraient. Mais s'ensuit-il que le droit de propriété
qui les affectait comme *pars fundi* vienne à être détruit
et qu'il faille une nouvelle appropriation ? Ne savons-nous
pas que le propriétaire d'une maison reste propriétaire
des pierres de sa maison, alors même que celle-ci a été
abattue, sans que jamais on ait eu besoin pour expliquer
ce fait de recourir à l'accession ? Et en effet, *quod meum
est, amplius meum fieri non potest.* D'ailleurs, loin d'y
avoir *union*, il y a plutôt ici *discession*, et nous ne trouvons
rien de semblable à ce qui se passe lorsqu'une chose,
primitivement distincte de ma chose et appartenant à
autrui, vient s'agréger à la mienne. En définitive, nous
voyons simplement le droit que le propriétaire avait sur
les fruits pendants se maintenir sur les fruits séparés, et
cela, en vertu de ce principe qui veut que le propriétaire
reste maître de sa chose, quelques modifications qu'elle
subisse, tant qu'il n'intervient pas un de ces événements
qui transfèrent la propriété d'une personne à une autre.
Nous adoptons donc complétement ce que dit Vinnius sur
le § 35 *De rer. div. Inst.* : « *Nam si fructus pendentes pars
sunt fundi et ejus, qui fundi domini est, necesse est etiam
separatos ejusdem manere : id enim est quod dicitur meum
esse, quod ex re mea superest.* » Ainsi, que les fruits
soient pendants, qu'ils soient séparés, on ne peut jamais
dire qu'ils sont acquis au propriétaire en vertu de l'accession (1). — Il faut donc conclure que si le *dominus* re-

---

(1) Doneau l'avait parfaitement compris, lui qui, tout en admettant la
théorie de l'accession, avait cru devoir exprimer par un mot spécial,
fotura, l'acquisition des fruits par le propriétaire.

cueille les fruits de sa chose, c'est simplement par suite
de l'exercice de son droit de propriété, lequel renferme
en effet le *droit de jouir*, c'est-à-dire le droit de retirer
de sa chose toute l'utilité qu'elle peut donner, et par conséquent celui de percevoir les fruits. Cela est si vrai, que
précisément cet élément de la propriété qu'on appelle le
droit de jouir est souvent désigné sous le nom de *fructus*.

Quoi qu'il en soit, le propriétaire de la chose frugifère
a droit à tous les fruits que cette chose produit. Il y a
droit alors même que ces fruits proviendraient de semences ayant appartenu à autrui. *Omnis fructus, non
jure seminis, sed jure soli percipitur*, dit la loi 25, pr. *De
usur.* En effet, du moment que les semences ont été
incorporées au sol, elles n'existent plus comme semences,
elles ont perdu leur individualité et leur substance a péri;
de sorte qu'il n'y a plus qu'un sol semé. Il en résulte que
le propriétaire des semences ne peut les revendiquer,
puisque *extinctæ res vindicari non possunt*, et que le
maître du sol dont les semences font maintenant partie
profitera seul des fruits qui en naîtront, alors même qu'il
aurait été de mauvaise foi en faisant emploi des semences.
Toutefois, celui-ci doit indemniser le propriétaire des
semences; car nul ne peut s'enrichir aux dépens d'autrui. Ce sera seulement pour fixer le montant de l'indemnité qu'il faudra rechercher s'il y a eu bonne ou mauvaise
foi de la part du maître du fonds.

En recueillant les fruits, le propriétaire se voit le plus
souvent récompensé des dépenses ou des travaux qu'il a
faits pour obtenir ces fruits. Mais son droit subsiste alors
même que le fonds aurait été ensemencé et cultivé par un
étranger. En effet, je suis propriétaire de mon sol tout
entier et tel qu'il est. Or, en naissant, les fruits forment
une partie intégrante de mon fonds; ils sont dès lors sou-

mis à mon droit de propriété, sans qu'il y ait à rechercher par quels soins ils ont été obtenus. Plus tard, lorsque, après avoir été nourris par mon fonds, ils viennent purement et simplement à en être séparés, ils continuent nécessairement à m'appartenir. Car le droit de propriété que j'ai acquis sur eux par suite de leur adhérence à mon sol se maintient tant qu'aucun événement translatif de propriété n'est intervenu. Nous verrons une application de cette règle lorsque nous supposerons le fonds possédé par un possesseur de mauvaise foi. (§ 32, *De rer. divis. Inst.* L. 11, *C. De rei. vindic.*)

Le croît des animaux est un fruit, ainsi que nous l'avons déjà remarqué. Aussi appartient-il au propriétaire des animaux par la même raison que les plantes qui germent et croissent sur son fonds. Il y a d'ailleurs, entre ces deux espèces de fruits, plusieurs points de ressemblance. Par exemple, si les fruits pendants sont *pars fundi*, on peut dire que les animaux encore dans le sein de leur mère sont *pars viscerum matris*. Dès lors, si les fruits séparés du sol restent nôtres, parce qu'ils étaient une partie de ce sol lorsqu'ils lui adhéraient, les animaux nés restent également nôtres, parce que, dans l'intervalle de la conception à la naissance, ils étaient comme une partie de leur mère qui nous appartenait. Ici encore il n'y a pas lieu d'appliquer la théorie de l'accession.

Ainsi que nous l'avons expliqué tout à l'heure, celui qui a fait la plantation ou la semence ne devient pas, par cela seul, propriétaire des fruits. Par les mêmes raisons que nous avons données, il faut décider que le croît des animaux n'appartient pas au maître du mâle qui a fécondé la femelle ; le croît est toujours considéré comme un fruit de la femelle seule, et n'appartient conséquemment qu'au propriétaire de cette femelle. C'est bien là ce que décide la loi 5, § 2, *De rei vindic.*, ainsi conçue : *Si equam meam equus tuus prægnantem fecerit, non esse tuum, sed meum, quod natum est.* Remarquons dès maintenant que, si l'étranger qui a fait à ses frais la culture de mon champ peut, dans certains cas, avoir droit à une indemnité, le maître du mâle qui a fécondé ma jument ne peut jamais rien réclamer, à moins qu'il n'ait stipulé un prix de loyer pour l'acte de fécondation. Ainsi que le fait remarquer Pothier (*Traité du domaine, n° 152*), « la part qu'a le mâle qui a empreigné la femelle à la production des petits est très-peu de chose, en comparaison de celle qu'a la femelle qui porte les petits dans son sein depuis l'instant de leur conception. »

SECTION DEUXIÈME.

RAPPORTS ENTRE LE PROPRIÉTAIRE ET LE POSSESSEUR.

Nous sommes conduit tout naturellement aux divers cas où le propriétaire se trouve en compétition avec un possesseur.

Les fruits continuent-ils d'appartenir au propriétaire du fonds alors même que le fait de la possession est séparé du droit de propriété? Cette question ne peut se résoudre d'une manière générale, et il faut que nous nous placions successivement dans diverses hypothèses. Nous examinerons d'abord le cas où le propriétaire veut faire reconnaître son droit sur une ou plusieurs choses séparées, c'est-à-dire le cas où il a recours à la revendication. Nous supposerons ensuite qu'il s'agit pour lui de réclamer non plus un objet individuel, mais une universalité, c'est-à-dire d'intenter une pétition d'hérédité. Enfin, pour chacun de ces cas, nous aurons à rechercher ce qu'il faut décider, quant à l'acquisition des fruits, suivant que l'adversaire est possesseur de bonne ou de mauvaise foi.

§ 1er. *Cas où le propriétaire agit par l'action en revendication.*

I. Possesseur de mauvaise foi.

Alors même que la propriété et la possession sont séparées, le lien qui existe entre la personne du propriétaire et la chose marquée de son appropriation se maintient intact. Dès lors, il faut dire d'une manière générale que les fruits sont pour le propriétaire alors même qu'ils naissent pendant le temps de sa dépossession. Cependant tout possesseur n'est pas tenu de faire raison de ces fruits au propriétaire. La faveur due à la bonne foi a fait admettre une exception au principe que nous venons d'énoncer. Mais avant d'étudier l'exception, voyons comment s'applique le principe, c'est-à-dire supposons le propriétaire placé vis-à-vis d'un possesseur de mauvaise foi.

Le possesseur est de *mauvaise foi* lorsqu'il a connaissance ou même simple doute que la chose ne lui appartient pas. Nous verrons plus tard que la mauvaise foi ne se présume pas, et que le propriétaire doit en faire la preuve. Mais une fois cette preuve faite, le possesseur doit restituer tous les fruits qu'il a perçus depuis sa possession. Il est tenu de restituer même les fruits qui proviennent des semences qu'il a mises dans le fonds revendiqué et des labours qu'il y a faits. On se rappelle en effet la règle : *Omnis fructus non jure seminis, sed jure soli percipitur.* (L. 25, *De usur.*)

Mais du moins le possesseur ne pourra-t-il pas réclamer le montant des dépenses qu'il aura faites *fructuum quærendorum gratia?* Le législateur romain, fidèle à la

2

rigueur du droit, ne lui permet de faire aucune réclamation de ce genre. Le possesseur doit s'imputer d'avoir fait
des frais de semences et de labours, quand il savait que le
fonds était à autrui : quand ainsi il devait s'attendre que
les fruits, suivant le sort du fonds, seraient perdus pour
lui. Cependant n'est-il pas contraire à l'équité que le propriétaire s'enrichisse ainsi aux dépens d'autrui ? *Nemo cum
alterius damno fieri debet locupletior*, dit la loi 206, *De reg.
juris*. Les jurisconsultes romains, pour échapper à ce principe, supposent que celui qui dépense sciemment sur le sol
d'autrui a voulu faire une donation au propriétaire. (L. 27,
§ 25, *Ad leg. Aquil.*) Mais, il faut bien l'avouer, cette supposition n'est guère admissible. Le possesseur, en effet,
a évidemment travaillé pour lui-même et non pas dans
l'intérêt d'autrui. *Imo constat de contrario*, dit fort bien
Dumoulin, *quod non vult donare, sed potius alienum occu-
pare*. (*In consuet. Paris., tit. I*er*, § 1, gl. 5, n° 101*.)

Le possesseur de mauvaise foi doit donc restituer tous
les fruits qu'il a perçus à partir du moment où il est entré
en possession. S'ils n'existent plus en nature, il en doit la
valeur. Mais doit-il indemniser le propriétaire des fruits
qu'il a négligé de percevoir ? De tout temps, on a décidé
que le possesseur devait restituer la valeur des fruits négligés postérieurement à la *litis contestatio*, c'est-à-dire
postérieurement au moment où le procès était légalement
engagé entre le propriétaire et lui. Mais, quant aux fruits
que le possesseur avait négligé de percevoir avant la *litis
contestatio*, il n'en était point tenu originairement, parce
que, n'étant pas en ce moment dans un rapport d'obligation avec le propriétaire, comme il s'y trouvait placé
après la *litis contestatio*, il n'était pas astreint à être soigneux et diligent. Un changement à cet égard s'introdui-
sit par suite du sénatus-consulte dit *Juventien*, rendu sous

Adrien. Ce sénatus-consulte avait ordonné que dans la pétition d'hérédité le possesseur de mauvaise foi serait traité comme ayant été, dès le commencement de sa possession, dans un rapport obligatoire avec l'héritier. C'est ce qu'on exprimait en disant qu'il répondrait de son dol passé, *dolus præteritus*, et même de sa faute, *sed et culpa*. (L. 25, § 2, 7, *De hæred. pet.*; L. 13, § 2, *eod.*) On en conclut qu'il devrait payer la valeur des fruits qu'il aurait négligé de percevoir (L. 25, § 4, 9, *De hæred. pet.*), et les jurisconsultes étendirent de la pétition d'hérédité à la revendication cette responsabilité rigoureuse imposée au possesseur de mauvaise foi. (L. 27, § 3, *De rei vind.*)

Mais comment doit-on apprécier la négligence du possesseur? Entend-on par *fruits négligés* ceux que le possesseur aurait pu lui-même percevoir, ou ceux que le demandeur aurait perçus, si la chose lui eût été restituée? Est-ce sur la personne du défendeur ou sur celle du demandeur qu'on mesure cette possibilité de retirer les fruits qui n'a pas été mise à profit? C'est à cette question que répond spécialement la loi 62, § 1, *De rei vind.* Papinien se demande, en thèse générale, comment il faut estimer les fruits, et il répond qu'il faut examiner, non pas si le possesseur de mauvaise foi les a perçus, mais si le demandeur lui-même aurait pu les percevoir, et il ajoute que cette doctrine est aussi celle de Julien. Ainsi, le possesseur de mauvaise foi est responsable, toutes les fois que sa conduite dans la perception des fruits n'a pas été celle d'un *diligens paterfamilias*, et même dans l'hypothèse où il n'y aurait rien à lui reprocher, si, à raison d'une situation tout exceptionnelle, le propriétaire lui-même eût perçu les fruits là où un *diligens paterfamilias* ne les aurait pas perçus. Et en effet, si le possesseur ne s'est pas conformé à ce qu'aurait fait un administrateur

2.

diligent, il y a faute de sa part, et précisément en vertu du principe emprunté au sénatus-consulte Juventien, il répond même de sa faute passée. D'autre part, il est juste que le propriétaire soit placé dans la même position que si la jouissance de la chose ne lui eût pas été enlevée par une usurpation, et c'est précisément pour cela qu'il a le droit de réclamer les fruits qu'il aurait perçus, quand bien même le possesseur prouverait qu'il a été diligent. On nous oppose plusieurs textes qui semblent n'avoir égard qu'à la personne du défendeur. (L. 25, § 4, *De hæred. pet.; L. 2, C. De fruct.; L. 5, C. De rei vind.; L. 3, C. De pign. act.; L. 2, C. De partu pign.*) Mais ces textes disent simplement que le défendeur est tenu des fruits qu'il aurait dû percevoir, et ne précisent pas quels fruits auraient dû être perçus. Ils ne touchent pas à la question de savoir si le possesseur devait cultiver le fonds par lui possédé comme ses autres fonds, ou bien s'il devait se conformer à la conduite d'un administrateur diligent ou du propriétaire lui-même; ils peuvent donc se concilier parfaitement avec la loi 62, § 1, *De rei vind.*, et les lois 39, § 1, *De leg.* 1 —4, *Unde vi*, qui, se référant à la personne du défendeur, déterminent ainsi le devoir du possesseur et comblent la lacune des textes précédents.

Voilà la situation faite au possesseur de mauvaise foi ; s'il cultive le fonds, il doit restituer au propriétaire tous les fruits qu'il a perçus, sans pouvoir réclamer aucune indemnité pour ses frais de semences et de labours; s'il ne le cultive pas, il est obligé de payer la valeur des fruits qu'il eût pu percevoir. Il est donc toujours en perte. Mais ce n'est là qu'une juste conséquence de son usurpation, et on peut répéter ici ce que dit la loi 203, *De reg. jur.* : *Quod quis ex culpa sua damnum sentit, non intelligitur damnum sentire.*

Là cependant ne se bornait pas la rigueur de la loi à son égard dans l'ancien droit romain. En effet, sous l'empire de la loi des Douze tables, le possesseur de mauvaise foi devait restituer le double des fruits qu'il avait perçus ou négligé de percevoir depuis la *litis contestatio.* C'est bien ce qui résulte d'un passage de Paul (*Sent.* V, 9, § 2), ainsi conçu : « *Ex die accepti judicii dupli fructus computantur,* » combiné avec un texte mutilé de Festus, que Cujas a rétabli de la manière suivante : *Si vindiciam falsam tulit rei sive litis prætor arbitros tres dato; eorum arbitrio fructus dupliore damnum decidito,* et que M. Pellat traduit ainsi : « Si un plaideur s'est fait attribuer la posses- » sion provisoire en soutenant à tort que la chose était à » lui, que le préteur donne trois arbitres pour cette chose » ou ce procès, et que, d'après leur arbitrage, le possesseur » répare le dommage en fournissant le double des fruits. » Plus tard, des constitutions impériales appliquèrent cette restitution au double, même aux fruits antérieurs à la *litis contestatio.* C'est ce que nous enseigne la loi 1, Cod. Theod., *De fructibus.* Il est vrai que cette loi ne nous dit pas clairement si cette prestation du double s'appliquait même aux fruits que le possesseur de mauvaise foi aurait dû percevoir avant la *litis contestatio.* Mais l'affirmative doit être admise. En effet, d'après cette loi, le posses- seur devait, quant aux fruits négligés antérieurement à cette époque, être traité comme le possesseur de bonne foi, en ce qui touchait les fruits négligés depuis cette époque. Or il est certain que le possesseur de bonne foi subissait sans distinction cette estimation au double.

Justinien a supprimé le doublement de la prestation. La restitution a toujours lieu au simple. Cela résulte de la loi 2, C., *De fruct. et lit. exp.,* laquelle n'est autre chose que la constitution du Code théodosien que nous venons de citer, et que Justinien a modifiée pour la mettre en rapport avec le nouvel état de la législation.

Quelles sont les voies de droit au moyen desquelles le propriétaire de la chose peut se faire restituer les fruits par le possesseur de mauvaise foi ? Ces voies de droit sont très-différentes, suivant les circonstances. En effet, les fruits sont-ils pendants par branches ou par racines ? ils sont revendiqués par cela seul que le fonds lui-même est revendiqué ; car ils ne font qu'un seul et même tout avec lui. *Fructus pendentes et fundus una res est*, dit Cujas. Les fruits sont-ils séparés du fonds ou même ont-ils été déjà consommés, le juge de l'action en revendication de la chose frugifère peut encore statuer à leur égard, car on a toujours reconnu qu'il n'y avait de restitution complète que si on tenait compte au demandeur de tous les avantages dont il a été privé (1) ; qu'il fallait par conséquent que la chose revendiquée fût rendue *cum omni causa* et notamment *cum fructibus* (L. 12, *Quod metus causa*). Sous le système des *actions de la loi*, alors qu'on revendiquait la chose principale par l'action dite *sacramenti*, cette restitution de fruits était même assurée, au moins pour le temps postérieur à la *litis contestatio*, par les *prædes litis et vindiciarum*, c'est-à-dire *rei et fructuum* (Gaïus, IV, 16). Plus tard, dans la procédure formulaire, elle fut garantie par la *stipulatio* ou *satisdatio pro præde litis et vindiciarum*, quand on agissait *per sponsionem*, et elle était ordonnée par l'*arbitrium judicis*, quand on procédait *per formulam petitoriam.*

Mais les fruits séparés du fonds étant devenus, par le

---

(1) *Nec enim sufficit corpus ipsum restitui, sed opus est ut et causa rei restituatur.* (L. 20, *De rei vind.*)

fait de la séparation, des objets distincts de ce fonds, on peut les réclamer par une action particulière. C'est la *revendication* lorsqu'ils existent encore; c'est la *condictio sine causa* lorsqu'ils ont été consommés. Cette *condictio sine causa* vient suppléer à la revendication, que la consommation a rendue impossible; car il ne peut dépendre du possesseur de mauvaise foi de se soustraire par son fait à l'obligation de restituer les fruits (L. 45, *De usur.*; L. 22, § 1, *De pign. act.*; L. 4, C. *De crim. expil.*). Il n'en est pas ainsi pour les *fruits négligés*. La restitution de ces fruits peut sans doute être poursuivie en même temps que celle de la chose principale par l'action même dont celle-ci est l'objet. Mais il ne peut être question d'une revendication particulière de ces fruits, puisqu'ils n'ont jamais été en la possession du défendeur. Une *condictio sine causa* est également inadmissible pour ces fruits en l'absence de la condition fondamentale d'une telle action, l'enrichissement provenant de la chose d'autrui. Si donc le possesseur de mauvaise foi a perdu sans son dol la possession de la chose principale, de manière que la revendication ne puisse être intentée contre lui, la répétition des fruits qu'il a négligé de percevoir auparavant n'est plus possible.

II. Possesseur de bonne foi.

Nous avons annoncé une exception à ce principe, que les fruits sont pour le propriétaire même pendant le temps de sa dépossession. Et, en effet, plusieurs lois semblent bien lui dire que le possesseur de bonne foi acquiert la propriété des fruits qu'il perçoit sur le fonds d'autrui; mais à côté de ces textes, il y en a d'autres qui reconnaissent au propriétaire le droit d'exiger, même du

possesseur de bonne foi, les fruits qui sont encore existants chez celui-ci lorsqu'il se présente. Ces deux dispositions, ainsi consacrées par des textes formels, paraîs-
sent contradictoires au premier abord. Si, en réalité, le
possesseur de bonne foi devient maître des fruits par lui
perçus, comment admettre qu'il soit obligé de les restituer par cela seul qu'ils sont encore existants chez lui et
sans qu'aucune *causaobligationis* soit intervenue? Comment
comprendre d'ailleurs, qu'on lui ait donné la propriété
des fruits simplement pour enlever au propriétaire du
fonds le droit de réclamer ceux qui auraient déjà été
consommés ? D'une part, en effet, les choses détruites
ne peuvent être revendiquées, et, d'autre part, aucune
indemnité ne peut être réclamée à l'égard de ces choses
contre ceux *qui sine dolo desierunt possidere*. Ainsi, dit-
on, une telle acquisition n'aurait eu aucun avantage pour
le possesseur de bonne foi; elle lui aurait été même préju-
diciable, car une fois devenu maître des fruits, il n'aurait
pas pu les usucaper et se dispenser ainsi de restituer même
les fruits extants, comme il aurait pu le faire si on l'eût
laissé sous l'empire du droit commun. Ces considérations
ont amené la plupart des interprètes du droit romain à
émettre sur ce point divers systèmes dans lesquels, sans
oser nier complétement le droit de propriété du possesseur de bonne foi sur les fruits, on a fait de ce droit quelque chose d'inférieur au *dominium* des Romains. Tous
ces systèmes peuvent être considérés comme un achemi-
nement à celui que M. de Savigny, plus hardi et en même
temps plus logique que ses précurseurs, a exposé som-
mairement dans son *Traité de la possession*. D'après M. de
Savigny, le possesseur de bonne foi a simplement *in bonis*
les fruits qu'il perçoit; pour en acquérir le *dominium*, il
doit les garder pendant le temps nécessaire à l'usuca-

pion; toutefois l'équité lui a fait reconnaître le droit de conserver les avantages qu'il a pu retirer de la consommation des fruits, et cela à raison de sa bonne foi et des soins par lui donnés à la culture du fonds. Quoique ce système ait de nombreux adhérents, même en France, nous ne pouvons nous résigner à l'admettre, et nous professons que le droit reconnu par le droit romain au possesseur de bonne foi, sur les fruits par lui perçus, est un véritable droit de propriété.

Remarquons en effet la place qu'occupe, dans le titre *De rer. divis.*, aux *Institutes*, le § 35, texte fondamental en ce qui concerne la matière. Ce paragraphe est précédé et suivi de plusieurs autres qui tous traitent des manières d'acquérir la propriété. N'en résulte-t-il pas déjà une assez forte présomption contre le système de M. Savigny? En outre, ce texte, pour désigner le droit du possesseur de bonne foi sur les fruits, emploie des expressions qui, d'ordinaire, servent à indiquer une acquisition du *dominium*. (*Placuit... fructus... ejus esse;* L. 23, *pr. De usurp.;* L. 61, § 8, *De furt.;* L. 62, *pr. De usuf.*) Aucun doute, d'ailleurs, ne peut subsister, ce nous semble, si on rapproche ce § 35 de la loi 25, § 1, *De usur.* En effet cette loi met le possesseur de bonne foi, quant à l'acquisition des fruits, sur la même ligne que le propriétaire lui-même : *Bonæ fidei possessor in percipiendis fructibus id juris habet quod dominis prædiorum tributum est.* Puis elle affirme que le possesseur est bien plus favorablement traité que l'usufruitier, assertion qui serait inexacte si le possesseur n'acquérait pas, comme l'usufruitier, un droit de propriété sur les fruits. (L. 13 *in fine, Quib. mod. ususf. amitt.;* L. 28, *De usur.*) En troisième lieu, elle l'assimile au concessionnaire de l'*ager vectigalis*, qui bien évidemment acquiert les fruits. Enfin, elle établit une

analogie entre le possesseur de bonne foi d'un fonds et
le possesseur de bonne foi d'un esclave, en disant que
les fruits du fonds doivent être traités comme les acquisitions faites *ex operis servi*. Or, il est de règle que ces
sortes d'acquisitions appartiennent définitivement au possesseur de l'esclave. Du reste, comment peut-on soutenir
que l'usucapion seule donne au possesseur la propriété
des fruits, en présence de la loi 28, *pr. De usur.*, ainsi
conçue : *In pecudum fructu etiam fœtus est, sicut lac,
pilus et lana. Itaque agni et hœdi et vituli* STATIM PLENO
JURE *sunt bonæ fidei possessoris et fructuarii;* et surtout
en présence de la loi 4, § 19, *De usurp.*, qui précisément fait remarquer qu'il n'y a pas lieu à usucapion dès
qu'il s'agit de fruits : *Quoniam in fructu est, nec usucapi
debet, sed statim emptoris fit?*

Tout démontre donc que le possesseur de bonne foi
acquiert un véritable droit de propriété sur les fruits qu'il
perçoit et qu'il n'a aucun besoin de les usucaper. Mais
s'il en est ainsi, comment expliquer qu'il soit soumis à
l'obligation de rendre les fruits existants? Plusieurs systèmes sont ici en présence. Nous n'avons pas la prétention de les énumérer tous, mais il faut du moins exposer
les principaux.

Dans un premier système, on dit : Sans doute le fait
seul qui sépare les fruits d'avec la chose frugifère en
transfère la propriété au possesseur de bonne foi. Aussi
celui-ci n'a-t-il aucun compte à rendre des fruits par lui
consommés ; car, en les consommant, il n'a fait qu'user
de son droit de propriétaire. Mais, comme personne ne
doit s'enrichir aux dépens d'autrui, l'équité exige que le
propriétaire, en revendiquant son fonds, puisse au moins
réclamer les fruits encore existants chez le possesseur.
En d'autres termes, et comme l'a dit Cujas : *Perceptio*

fructuum inchoat adquisitionem fructuum, consumptio cor-roborat atque confirmat. On voit de suite combien ce sys-tème est contraire à cette règle de bon sens : *Quod meum est, meum amplius fieri non potest.* En outre, comment expliquer que le propriétaire, invoquant le principe que nul ne doit s'enrichir aux dépens d'autrui, soit réduit à se contenter des fruits extants en nature, sans avoir le droit de réclamer tout ce dont le possesseur se trouve enrichi par suite de la consommation des fruits, par exemple le prix des fruits aliénés?

Un deuxième système croit tout expliquer en faisant acquérir sur les fruits, au possesseur de bonne foi, un droit de propriété, mais un droit de propriété soumis à cette condition résolutoire : *Si le propriétaire du fonds ne revendique pas.* Ce système est en contradiction avec des textes formels, et notamment la loi 28, *pr., De usur.,* où sont employés les mots *pleno jure* qui n'admettent aucune idée de propriété révocable. En outre, il est certain que, jusqu'à Ulpien, les jurisconsultes romains ne croyaient pas que la propriété pût être résoluble. Pour eux, une fois la propriété concédée, elle l'était irrévocablement, quoique dans certains cas on pût demander, à l'aide d'une action *personnelle,* qu'elle fût de nouveau trans-férée.

Ainsi on ne peut s'arrêter à aucun de ces deux sys-tèmes, et il faut, ce nous semble, en adopter un troisième qui consiste à voir en notre matière une variation de la jurisprudence romaine. Selon M. Pellat, auteur de ce dernier système, le possesseur de bonne foi gardait à l'origine tous les fruits par lui perçus sans aucune res-triction. L'obligation de restituer les fruits extants ne lui aurait été imposée qu'assez tard, probablement par des rescrits impériaux, et notamment par un rescrit de Dio-

clétien et de Maximin qui forme la loi 22, *C.*, *De rei vind.*
Cette innovation aurait prévalu, malgré la difficulté pratique qu'il y avait à rechercher les fruits non consommés, par suite de l'influence exercée sur les règles de la revendication par le sénatus-consulte Juventien relatif à la pétition d'hérédité. Bien des lois du *Digeste* semblent, il est vrai, indiquer que le droit consacré par la constitution de Dioclétien et de Maximin était déjà le droit admis par les jurisconsultes romains; mais M. Pellat repousse l'autorité de ces textes comme ayant été interpolés par les compilateurs byzantins. On sait, en effet, que Tribonien et ses collaborateurs avaient la déplorable habitude de mettre les passages qu'ils extrayaient des anciens jurisconsultes d'accord avec la jurisprudence du temps de Justinien, et de laisser les textes ainsi modifiés sous le nom des auteurs primitifs, de façon à faire dire souvent à ceux-ci le contraire de ce qu'ils disaient dans l'œuvre originale. Or il est très-probable que dans les textes qu'on cite contre M. Pellat, les compilateurs du *Digeste* ont précisément obéi à cette singulière manière de pratiquer la fidélité historique. Comment, en effet, expliquer que certaines lois du *Digeste* n'apportent aucune restriction à l'acquisition des fruits par le possesseur de bonne foi, tandis que d'autres font de la consommation de ces fruits une condition nécessaire à cette même acquisition, si ce n'est en admettant que les premières ont échappé aux interpolations qu'ont subies les secondes, et cela grâce à la rapidité avec laquelle le *Digeste* fut composé? On acquiert sur ce point une véritable conviction, si on se reporte à la loi 25, *De usur.* Dans ce texte, le jurisconsulte Julien commence par assimiler le possesseur de bonne foi à un propriétaire et au titulaire d'un *ager vectigalis*, qui bien évidemment ne font aucune res-

titution de fruits. Puis il constate que ce possesseur a plus de droit que l'usufruitier. Cette dernière assertion ne serait-elle pas bien étrange, si, ayant sur l'usufruitier le faible avantage d'acquérir, avant d'y avoir touché, les fruits séparés par un tiers, le possesseur de bonne foi lui avait déjà été, au temps de Julien, inférieur sur un point bien autrement important, la nécessité de restituer tous les fruits non consommés? Enfin, dans le § 2 de cette même loi, Julien conclut en disant que les fruits du fonds doivent être traités comme des acquisitions faites par l'esclave *ex re possessoria* ou *ex operis servi*. Or, comment expliquer cette conclusion donnée par le jurisconsulte, si on se range à l'opinion d'après laquelle l'obligation de restituer aurait déjà existé de son temps? Du moment que cette obligation fut consacrée, voici à quelle bizarrerie elle conduisit nécessairement. Si une personne, après avoir possédé un champ et un esclave, avait dans ses greniers, au moment de la revendication, un sac de blé provenant du champ et un sac de blé provenant du travail fait par l'esclave pour le voisin, elle devait rendre au propriétaire du champ et de l'esclave le premier sac et non le second. Bien évidemment, si un pareil résultat avait pu se produire au temps de Julien, il y aurait eu une différence essentielle entre les fruits et les acquisitions faites par l'esclave, et le jurisconsulte n'aurait pu s'exprimer comme il l'a fait.

Nous trouvons une nouvelle preuve en faveur de notre opinion dans la Constitution des empereurs Septime Sévère et Antonin Caracalla, contemporains de Papinien, Constitution qui forme la loi 2, *C. De petit. hæred.* On suppose dans ce texte qu'une personne a acheté d'un héritier *apparent* une part dans une hérédité, et on se demande quels fruits cette personne devra restituer lorsque le véritable héritier agira contre elle. Les auteurs de la Constitution distinguent. L'acheteur a-t-il été de mauvaise foi? il doit restituer tous les fruits, quelle que soit l'époque à laquelle ils ont été perçus; a-t-il été de bonne foi? il ne doit compte que des fruits perçus depuis la *litis contestatio;* par conséquent, il ne restitue pas ceux qu'il a recueillis auparavant. On prévoit ensuite cette objection : Les fruits perçus depuis l'ouverture de la succession jusqu'à la demande augmentent la masse de l'hérédité (*fructus augent hæreditatem*) en se capitalisant, et sont ainsi compris dans la restitution de l'hérédité. Oui, réplique-t-on, mais quand cette hérédité est restituée par une personne contre laquelle la pétition d'hérédité peut être intentée? Or, ici, c'est la revendication de chaque chose en particulier qui est intentée par l'héritier véritable contre une personne qui possède, non pas *pro hærede*, mais *pro emptore*, la partie des biens qui lui a été vendue par l'héritier apparent. En conséquence, il ne doit prendre, dit-on, que les fruits perçus depuis la *litis contestatio*. « N'est-il » pas évident, dit M. Pellat, que si, au temps de Sévère » et de Caracalla (c'est-à-dire à l'époque de la jurispru-» dence classique), le possesseur de bonne foi actionné » en revendication avait été obligé de restituer ceux des » fruits qui existent encore (*fructus extantes, non con-* » *sumpti*), on ne se serait pas contenté de dire qu'il res-» titue les fruits perçus depuis la *litis contestatio*, et qu'on » ne l'aurait pas mis en opposition, sous le rapport de » cette restitution, avec le possesseur de bonne foi actionné » en pétition d'hérédité, lequel restitue, avec le capital » héréditaire, les fruits capitalisés, mais seulement jus-» qu'à concurrence de ce dont il s'est enrichi? La position » du possesseur de bonne foi dans les deux actions eût » été alors presque identique et non opposée. »

La loi 25, *De usur.*, et la loi 2, *C. De rei vind.*, supposent donc nécessairement qu'au temps des jurisconsultes
le possesseur de bonne foi ne restituait pas les fruits perçus, même quand il ne les avait pas consommés, et suffisent amplement à prouver que, s'il est des textes de
cette époque faisant mention de la restitution des fruits
non consommés, c'est que ces textes ont subi une modi-
fication de la part des compilateurs du *Digeste.* Nous
avons d'ailleurs une loi dans laquelle on saisit matériel-
lement la preuve de l'interpolation. C'est la loi 4, § 19,
De usurp., ainsi conçue : *Lana ovium furtivarum, siquidem
apud furem detonsa est, usucapi non potest ; si vero apud
bonæ fidei emptorem, contra, quoniam in fructu est, nec
usucapi debet, sed statim emptoris fit ; idem in agnis dicen-
dum, si consumpti sunt ; quod verum est.* Ces mots, *si
consumpti sunt,* sont évidemment une addition maladroi-
tement faite au texte de Paul pour le faire concorder avec
la législation introduite par la Constitution des empereurs
Dioclétien et Maximin ; car ces mots ne se rapportent
grammaticalement qu'aux agneaux, tandis qu'ils devaient
s'appliquer aussi à la laine dans la pensée de l'interpola-
teur, qui prête du reste ainsi à Paul une assertion dont
les termes se contredisent, savoir : que la laine et les
agneaux appartiennent au possesseur de bonne foi *statim,*
aussitôt que ses fruits sont séparés, mais s'ils sont consommés.

Disons donc que le possesseur de bonne foi acquiert
sur les fruits par lui perçus un droit de propriété pleine
et entière, le *plenum dominium ex jure quiritium ;* mais que
ce droit a été restreint à une époque très-récente, par la
nécessité de restituer au propriétaire les fruits encore
extants lorsqu'il se présente.

Voilà en conséquence le possesseur de bonne foi rangé

parmi ceux qui acquièrent les fruits. Il nous faut maintenant nous demander s'il acquiert tous les fruits, comment il acquiert ceux auxquels il a droit et jusqu'à quelle
époque il peut les acquérir. Mais, avant tout, il est nécessaire de déterminer ce qu'est précisément un possesseur de bonne foi, et c'est ce que nous allons essayer de
faire.

Le *possesseur de bonne foi*, par opposition au *possesseur
de mauvaise foi*, est celui qui détient la chose d'autrui,
convaincu qu'il en est devenu le légitime propriétaire.
La bonne foi est donc basée sur une erreur, et cette erreur consiste à nous faire croire que l'acte en vertu duquel
nous nous sommes mis en possession nous a donné la
propriété. Cette erreur porte ou sur le droit de celui qui
a transmis la chose et que nous avons cru à tort propriétaire, ou sur le mode d'acquisition à la suite duquel nous
nous sommes mis en possession et qui contenait, à notre
insu, un vice qui a arrêté l'acquisition de la propriété.
Considérée sous ce point de vue, la bonne foi est quelque
chose de négatif, savoir : l'ignorance de l'obstacle qui
nous a empêché de devenir propriétaire; mais la bonne
foi n'en contient pas moins un élément positif : c'est la
conviction d'être propriétaire qui doit nécessairement
exister en nous. Aussi Voët a-t-il défini la bonne foi *illæsa
conscientia putantis rem esse suam.* Si donc le possesseur
doute le moins du monde de son droit, il ne peut se prétendre de bonne foi à l'effet d'acquérir les fruits : *Cum
aliud est credere, aliud dubitare,* dit encore Voët.

Ainsi du moment qu'il y a ignorance du droit d'autrui
et conviction qu'on est soi-même propriétaire, il y a
bonne foi. Mais la bonne foi est-elle toujours admissible,
quelle que soit l'erreur sur laquelle elle repose ? Évidemment il n'en peut être ainsi, car une erreur implique tou-

jours, de la part de celui qui la commet, l'idée de faute; pour que nous en tirions l'origine d'un droit, encore faut-il qu'elle ne résulte pas d'une source coupable. Ici il s'agit de dépouiller le propriétaire au profit du possesseur; il faut au moins que le possesseur ne paraisse pas moins digne d'intérêt que le propriétaire, et que la négligence de celui-ci ne soit pas plus que compensée par une négligence ou une stupidité extraordinaires du possesseur lui-même. En d'autres termes, la loi n'attache d'effet à la bonne foi qu'autant qu'il y a *justus* ou *probabilis error*, de façon que le possesseur ait pu loyalement se croire propriétaire. C'est sans doute en se plaçant à ce point de vue que Pothier a pu dire : *Bona fides nihil aliud est quam justa opinio quæsiti dominii.*

Mais quand y a-t-il *justus error* appelant sur le possesseur cette faveur et cet intérêt qui le font préférer au véritable propriétaire? Il est impossible de formuler sur ce point une règle générale. Comment en effet prévoir et déterminer toutes les circonstances dans lesquelles une personne peut raisonnablement se croire propriétaire de la chose d'autrui? Aussi le législateur a-t-il laissé la solution de cette question à la prudence du juge, qui se décidera d'après les faits particuliers à chaque espèce et eu égard à la position relative et individuelle de chaque possesseur.

Toutefois, on peut dire d'une manière générale que l'*erreur de fait* est la plus facilement excusée. Car il est souvent impossible de l'éviter, et, comme le dit la loi 5, *De jur. et fact. ignor.* : *Interpretatio facti plerumque etiam prudentissimos fallat.* Ainsi celui qui a acheté d'une personne qu'il croyait propriétaire ou d'un impubère qui se disait pubère peut, sans aucun doute, invoquer son erreur. Cependant, dès que l'erreur de fait provient d'une ignorance par trop grossière ou que la moindre attention aurait pu prévenir, il n'est guère possible de voir dans celui qui l'a commise un possesseur de bonne foi. Aussi celui qui se trompe sur ses propres actes n'est-il pas admis, en règle générale, à se prétendre de bonne foi. Il est également évident que l'*erreur de droit*, c'est-à-dire celle qui a sa source dans une ignorance du droit, est beaucoup moins favorable que l'erreur de fait. Celui qui a commis une erreur de ce genre peut en effet être accusé d'une grave négligence. Car chacun peut apprendre directement les règles du droit ou s'en faire instruire par un jurisconsulte. Mais dans certains cas, d'ailleurs très-rares, ce reproche de négligence n'est pas mérité. Il faut alors tenir compte d'une erreur dans laquelle il était difficile de ne pas tomber. Car, avant tout, la bonne foi doit se déduire de l'état moral du possesseur et ne se règle pas par des principes déterminés à l'avance. Bien des interprètes du droit romain se refusent à considérer la bonne foi comme suffisante, du moment qu'elle repose sur une erreur de droit. Ils invoquent à l'appui de leur opinion des textes qui représentent, en effet, l'erreur de droit et l'erreur de fait comme différant dans la pratique, et qui disent même spécialement que l'erreur de droit ne profite jamais à qui la commet. Mais en recherchant les motifs donnés à cette prétendue différence, on se trouve ramené à ce principe supérieur d'où nous sommes parti, et d'après lequel l'erreur peut toujours être invoquée, pourvu qu'elle soit excusable. En effet, les jurisconsultes romains expliquent la faveur accordée à l'erreur de fait en disant qu'il est souvent impossible d'y échapper, c'est-à-dire qu'elle est presque toujours excusable. Or, bien évidemment, si dans la plupart des cas l'erreur de droit provient d'une grande négligence et aurait pu facilement être évitée, il est vrai de dire que celui qui se trompe sur une matière de droit épineuse est tout aussi excusable que celui qui commet une erreur de fait. Dès lors, il ne doit pas y avoir de différence entre ces deux personnes. Nous pouvons d'ailleurs invoquer un texte d'Ulpien (L. 25, § 6, *De hæred. pet.*), favorable à l'opinion que nous défendons, et où il est dit : *Et non puto hunc esse prædonem, qui dolo caret, quamvis in jure erret.* Remarquons que cette loi est précisément relative à notre matière, tandis que les textes contraires ont été empruntés à des titres qui traitent de l'usucapion, c'est-à-dire d'une matière dans laquelle on pouvait montrer une certaine sévérité, puisqu'il s'agit pour le possesseur d'acquérir la propriété de la chose elle-même.

Nous ne croyons pas nécessaire de combattre ici un autre système, sorte de système mixte, et d'après lequel l'erreur de fait pourrait être invoquée sans distinction, soit pour éviter une perte, soit pour réaliser un bénéfice, tandis que l'erreur de droit ne pourrait l'être que dans le premier cas seulement, et jamais dans le second. En effet, les partisans de ce système doivent s'accorder avec nous pour permettre au possesseur d'invoquer son erreur de droit, à l'effet de conserver les fruits. Car il s'agit ici pour ce possesseur d'éviter une perte, puisque, déclaré de mauvaise foi, il devrait rendre la valeur des fruits qu'il aurait dépensés et de ceux qu'il aurait dû percevoir.

Disons, en terminant sur ce point, que la bonne foi est toujours présumée et que le possesseur n'a rien à faire pour l'établir. C'est à celui qui allègue la mauvaise foi à la prouver. Et, en effet, c'est un principe constant que le bien se présume plus facilement que le mal. (V. L. 80, C. *De evict.*).

Nous venons de voir ce qu'il faut entendre par la bonne

3.

foi. Mais à côté de la bonne foi n'y a-t-il pas une deuxième
condition mise à l'acquisition des fruits, le *justus titulus?* en d'autres termes, n'est-il pas nécessaire que non
seulement le possesseur soit convaincu de son droit de
propriété, mais encore qu'il soit intervenu un de ces
actes juridiques qui auraient été susceptibles de transférer la propriété et qui l'auraient effectivement transférée, si quelque vice ignoré ne s'y fût opposé ? Au premier abord, il semble qu'on doive répondre à cette
question par l'affirmative. En effet, la première partie
de notre paragraphe 35, *De rer. div.* aux *Inst.*, est ainsi
conçue : *Si quis... bona fide fundum emerit vel ex dona-
tione, aliave qualibet causa æque bona fide acceperit...*
Comme on le voit, la *bona fides* semble être distinguée
avec soin de la *justa causa.* Cependant nous pensons
qu'en droit romain la bonne foi n'avait pas nécessairement besoin de l'existence d'un titre pour se justifier.
Pourvu qu'elle fût claire, évidente, parfaitement établie
et qu'on n'eût sur ce point aucun reproche à faire au
possesseur, on n'exigeait rien de plus. Il est vrai que
souvent les lois romaines parlent du *justus titulus*, de
la *justa causa;* mais c'est plutôt comme indice *habituel*
de la bonne foi et le fondement d'une erreur plausible,
que comme condition nécessaire pour lui donner naissance. Car une foule de textes prouvent que si la bonne
foi existe sans le titre, elle suffit à elle seule. Sans
doute on ne croyait pas à la bonne foi de celui qui
s'imaginait avoir acheté ce qui ne lui avait pas été vendu :
*Cum si quis, quum non emerit, emisse se existimans possi-
deat.* (*Inst.*, § 2, *De usuc.*) Mais on admettait la bonne foi
de celui qui se trompait, non pas sur un fait personnel,
mais sur le fait d'autrui. Ainsi on admettait la bonne foi
du mandant qui croyait que son mandataire, chargé par

lui d'acheter une chose, l'avait effectivement achetée; du légataire qui possédait la chose à lui léguée par un testament qu'un autre testament encore inconnu avait révoqué; de l'héritier qui possédait comme héréditaire un bien qui n'avait jamais appartenu au défunt; tout cela *quia in alieni facti ignorantia tolerabilis error est.* (L. 9; *Pro leg.*; L. 46; *De usurp.*; L. 5, § 1, *Pro suo.*) C'est toujours le même principe, et nous concluons en disant que la bonne foi qui repose sur une erreur parfaitement plausible purifie non-seulement les vices du titre, mais supplée même à l'absence de ce titre. Si les textes du droit romain parlent à la fois de *justa causa* et de *bona fides*, ce n'est pas pour en faire deux conditions distinctes mises à l'acquisition des fruits; c'est seulement pour indiquer que rarement l'erreur est excusable, si elle ne repose sur un juste titre. On nous objectera que la bonne foi est toujours présumée, tandis qu'on exige la preuve de la *justa causa*. Nous répondons que si le possesseur qui prétend acquérir les fruits doit prouver que sa possession a une juste cause, c'est simplement pour établir que la conviction qu'il était autorisé à avoir la chose *cum animo domini* a pu naître raisonnablement dans son esprit, et qu'il se trouve dans des conditions telles qu'on peut lui appliquer la présomption de bonne foi. Par conséquent, si en réalité aucune juste cause n'est intervenue, mais si le possesseur prouve que la prise de possession s'est faite dans des circonstances susceptibles de produire en lui la conviction dont il s'agit, cela suffit. En d'autres termes, la preuve du juste titre n'est pas exigée pour elle-même et sans égard à la bonne foi. Au contraire, elle n'a d'autre but que d'arriver à la preuve de la bonne foi; et pourvu que le possesseur soit de bonne foi, il acquiert les fruits.

Mais quels fruits acquiert-il ? — Sans aucun doute, le

possesseur de bonne foi acquiert les fruits *industriels, qui diligentia et opera ejus pervenerunt.* (L. 48, *De adq. rer. dom.*) Il profite même des fruits industriels qui sont dus aux travaux d'un étranger. Mais peut-il prétendre aux fruits que la terre produit spontanément, aux *fruits naturels* proprement dits? Justinien semble dire que les fruits ne sont acquis au possesseur que *pro cultura et cura,* et d'autre part, la loi 45, *De usur.*, paraît restreindre le droit du possesseur aux seuls fruits industriels. En effet cette loi, supposant qu'un fonds a été l'objet d'une donation entre époux, décide que l'époux donataire fait siens les fruits *quos suis operis adquisierit,* et seulement ceux-là; en terminant, elle ajoute : *Nam si pomum decerpserit vel ex sylva cædit, non fit ejus, sicuti nec cujuslibet bonæ fidei possessoris : quia non ex facto ejus is fructus nascitur,* mettant ainsi le possesseur de bonne foi sur la même ligne que l'époux donataire, pour lui refuser les fruits naturels. Mais à ces titres on oppose la loi 48, *pr.*, *De adq. rer. dom.*, qui est ainsi conçue : *Bonæ fidei emptor fructus suos facit non tantum eos qui diligentia et opera ejus pervenerunt, sed* OMNES; et qui, par conséquent, repousse toute distinction sur ce point entre les fruits naturels et les fruits industriels. Il serait beaucoup trop long de passer en revue les divers essais qui ont été faits pour concilier ces textes; essais qui n'ont eu souvent pour résultat que de bouleverser toute la théorie de l'acquisition des fruits. Ainsi, les uns ont cru qu'il fallait distinguer entre les divers possesseurs de bonne foi, suivant qu'ils avaient ou non un *juste titre*, ou bien suivant que leur titre était gratuit ou onéreux. D'autres se sont rangés à cette idée que les fruits industriels étaient acquis irrévocablement par la séparation, tandis que les fruits naturels devaient être consommés. D'autres enfin ont admis purement et simplement que la bonne foi ne donnait jamais droit qu'aux fruits industriels, et que le mot *omnes* employé par la loi 48, *De adq. rer. dom.*, désignait simplement les fruits industriels dus au travail d'un étranger, par opposition aux fruits produits par le possesseur lui-même. Pour nous, nous pensons, avec Pothier et la plupart des interprètes modernes, qu'en réalité il n'y a à faire aucune différence entre les fruits naturels et les fruits industriels. Ce qui est dit par Justinien, que le possesseur acquiert les fruits *pro cultura et cura,* est dit *enuntiative,* parce qu'ordinairement les fruits sont la récompense des soins que le propriétaire ou le possesseur apporte à la culture de l'héritage. Mais cela ne doit pas s'entendre *restrictive,* à l'effet de restreindre le droit du possesseur de bonne foi aux fruits industriels (1). Et en effet, ainsi que nous l'avons déjà dit, la loi 48, *De adq. rer. dom.*, enseigne dans son *principium* que le possesseur de bonne foi fait siens les fruits, *non tantum eos qui diligentia et opera ejus pervenerunt, sed omnes;* et il est impossible de douter du sens de ce mot *omnes.* Car cette même loi, donnant une application du principe qu'elle vient de poser, décide, dans son § 2, que la laine, le lait et les petits des animaux, qui sont évidemment des fruits naturels, sont acquis par le possesseur de bonne foi. Nous avouons que la loi 45, *De usur.*, est contraire à cette opinion. Mais nous croyons que de la comparaison de cette loi avec la loi 48, *De adq. rer. dom.*, on ne peut conclure qu'une seule chose, c'est qu'il y a eu controverse sur ce point, comme sur bien d'autres,

(1) On peut d'ailleurs soutenir que ces mots *pro cultura et cura* s'appliquent aussi bien aux fruits naturels qu'aux fruits industriels, car la conservation et la récolte des fruits même naturels exigent nécessairement des soins.

entre les jurisconsultes romains. Et tout prouve que l'opinion de Paul, exprimée par la loi 48, *De adq. rer. dom.*,
a prévalu. Car tous les textes qui sont relatifs à notre
matière emploient le terme général *fructus*, sans distinguer entre les fruits naturels et les fruits industriels.

Le possesseur de bonne foi acquiert les fruits alors
même que la chose frugifère n'est pas susceptible d'être
usucapée : *Qui non potest capere propter vitium rei, fructus
suos facit*, dit la loi 48, § 1, *De adq. rer. dom.* On concilie
ainsi la faveur due à la bonne foi avec l'intérêt d'ordre
public qui, dans plusieurs cas, a fait exclure l'usucapion.
Mais l'application de ce principe, en ce qui touche les
fruits des choses volées (*res furtivæ*) ou possédées par violence (*res vi possessæ*), avait fait naître une controverse
parmi les jurisconsultes romains. Tous accordaient au
possesseur de bonne foi les fruits qui n'avaient commencé
à naître chez lui alors que déjà la chose productive était
sortie des mains du voleur ou de celui qui la détenait par
violence; et en effet, ces fruits n'avaient jamais subi la
contrectatio fraudulosa, et par conséquent n'avaient jamais
été entachés du vice de vol. Ils devaient donc nécessairement être régis par la règle commune. Il paraît même
qu'à l'égard de certains fruits, tels que la laine et le lait,
on s'accordait à ne s'occuper que du moment où ils
avaient été séparés de la chose productive. Ainsi il suffisait que le lait eût été recueilli, que la laine eût été coupée chez le possesseur de bonne foi pour qu'on attribuât
à celui-ci la propriété de ce lait et de cette laine, alors
même que ce lait eût été sécrété et que la laine eût commencé à pousser chez le voleur. (L. 48, § 2, *De adq. rer.
dom.;* L. 4, § 19, *De usurp.*) Mais la controverse nais-
sait à propos du croît des animaux. Paul, argumentant
de ce qu'on décidait pour les autres fruits, disait qu'il

ne fallait pas s'inquiéter du moment de la conception et qu'il suffisait que le croît fût né chez le possesseur de bonne foi pour lui être attribué. (L. 48, § 2, *De adq. rer. dom.*; L. 4, § 19, *De usurp.*) Au contraire, Ulpien, argumentant de ce que le part de l'esclave conçu chez le voleur ne peut être usucapé, exigeait que le croît eût été conçu chez le possesseur de bonne foi. (L. 48, §§ 3 et 6, *De furt.*) Quelques interprètes ont vainement essayé de ramener Ulpien à l'opinion de Paul en rendant négative la phrase qui termine le § 5 de la loi 48, *De furt.*, et en lisant : *Non idem in pecudibus.* Cette correction ne peut être acceptée lorsqu'on voit la Florentine, la Vulgate et les Basiliques donner la leçon positive. Il faut donc encore ici reconnaître l'existence d'une controverse, en présence surtout de l'affirmation, *quod verum est,* par laquelle se termine le texte et qui semble bien indiquer que sur ce point les divers jurisconsultes romains avaient été en désaccord. L'opinion de Paul fut d'ailleurs celle qui prévalut. Ulpien s'était en effet laissé égarer par l'analogie naturelle qui existe entre le part de l'esclave et le croît des animaux, et il avait oublié qu'en droit ces deux choses sont rangées dans deux classes bien différentes : le part dans la classe des produits, le croît dans celle des fruits.

Remarquons que si le possesseur acquiert tous les fruits, aussi bien les fruits naturels que les fruits industriels, aussi bien les fruits d'une chose susceptible d'être usucapée que ceux d'une chose qui ne l'est pas, il ne les acquiert pas sans aucune espèce de charges. Il subit en effet une déduction lorsque le revendiquant est de son côté obligé de lui rembourser les dépenses faites sur son fonds, jusqu'à concurrence de la plus-value. Alors, en effet, il s'établit une compensation entre la valeur des fruits perçus antérieurement à la *litis contestatio* et le montant de la plus-value, et le propriétaire n'est obligé de tenir compte au possesseur que de l'excédant de la plus-value sur la valeur des fruits. (L. 48, *De rei vindic.*) Cette compensation est du reste fondée sur l'équité. Si, d'une part, il ne faut pas que le propriétaire s'enrichisse aux dépens du possesseur, d'autre part, il ne faut pas que le possesseur s'enrichisse aux dépens du propriétaire. Nous devons considérer que Papinien compense avec la plus-value la valeur des fruits, sans se préoccuper de la question de savoir s'ils ont été ou non consommés : d'où il est naturel de conclure que le juge doit faire entrer en ligne de compte tous les fruits, sans aucune espèce de distinction. M. Pellat a justement fait observer que ceci fournit un puissant argument à ceux qui, comme lui, soutiennent que les anciens jurisconsultes attribuaient tous les fruits au possesseur de bonne foi, qu'ils eussent ou non été consommés. En effet, si le propriétaire avait pu retenir sur le montant de la plus-value les fruits consommés et non consommés, et qu'il eût pu en outre réclamer les fruits non consommés, il aurait été payé deux fois, résultat complétement inadmissible.

Des textes nous disent que le possesseur de bonne foi fait les fruits siens *perceptione;* d'autres qu'il acquiert les fruits aussitôt qu'ils sont séparés du fonds. (Cf. L. 48, pr., *De adq. rer. dom.;* L. 25, § 1, *De usur.;* L. 13 *in fine, Quib. mod. ususf. amitt.; Inst.,* §§ 35 et 36; *De rer. divis.*) Or la *séparation* et la *perception* sont deux choses bien différentes, la *perception* étant à la *séparation* ce que l'espèce est au genre. En effet, il y a séparation toutes les fois que les fruits sont détachés du sol ou de l'arbre; il y a perception lorsque la séparation est faite par celui qui a droit de la faire ou en son nom. Si, en réalité, le

possesseur n'acquiert les fruits que *perceptione,* on doit
en tirer cette conséquence que, ces fruits ayant été séparés
par le vent ou par un voleur, ils ne peuvent appartenir
qu'au propriétaire de la chose productive, qui seul aura
le droit de les revendiquer. Mais il n'en est pas ainsi, et
des textes précis ne permettent pas de douter que le possesseur ne fasse pas les fruits siens par la simple séparation. (Voy. L. 13 *in fine, Quibus mod. ususf. amitt.,* et le
§ 35, *Inst., De rer. divis.*)

Avant la séparation, les fruits encore adhérents au sol
appartenaient au propriétaire du fonds. Après la séparation, ils appartiennent au possesseur de bonne foi. Il y a
donc eu changement de maître, et la séparation a rempli
le rôle d'un mode translatif de propriété. Mais les jurisconsultes romains ne se sont pas bien rendu compte de
ce qui se passe en pareil cas, car ils semblent dire que
le possesseur acquiert les fruits de la même manière que
le propriétaire lui-même : *Porro bonæ fidei possessor in*
percipiendis fructibus id juris habet quod dominis prædio-
rum tributum est, dit la *loi* 25, *De usur.* Or, bien évidemment, la séparation, qui, pour le possesseur, constitue un
véritable mode d'acquérir, n'a d'autre effet, à l'égard du
propriétaire, que de donner aux fruits une existence
indépendante. Car le propriétaire, ainsi que nous l'avons
déjà fait remarquer, acquiert les fruits dès leur naissance
comme faisant partie de sa chose, et ce droit une fois acquis se maintient naturellement sur ces fruits alors qu'ils
viennent à être détachés de la chose frugifère.

Mais jusqu'à quel moment le possesseur de bonne foi
fait-il ainsi les fruits siens? Ici encore nous trouvons une
divergence parmi les jurisconsultes romains. Selon Ulpien
(L. 23, § 1, *De adq. rer. dom.*), Paul et Pomponius (L. 48,
§ 1, *cod.*) dont l'opinion a prévalu, le possesseur cesse

de faire les fruits siens dès qu'une circonstance quelconque lui a fait connaître le droit du propriétaire; car alors il est réellement devenu possesseur de mauvaise foi. Julien, au contraire (L. 25, § 2, *De usur.*), semble décider que la mauvaise foi survenant pendant la durée d'une possession commencée de bonne foi ne met pas obstacle à l'acquisition ultérieure des fruits, et que le possesseur continue de les faire siens jusqu'à ce qu'il ait été évincé par le propriétaire. On a voulu nier qu'il y ait eu controverse sur ce point entre les jurisconsultes romains, et on a essayé de concilier le texte de Julien avec la décision donnée par Paul et Ulpien (Pothier, *Du domaine*, n° 344). Mais l'existence de la controverse nous est démontrée d'une manière invincible par les termes dont se servent Paul et Ulpien pour exprimer leur opinion, et nous ne doutons pas que, contrairement à ces jurisconsultes, Julien ait cru que seule l'éviction par le propriétaire pouvait arrêter l'acquisition des fruits. Sans doute il s'est laissé guider par cette considération que la survenance de la mauvaise foi n'arrête pas le cours de l'usucapion; mais il aurait dû remarquer qu'en matière de fruits il y a autant d'actes d'acquisition que d'actes de séparation, et qu'exiger la bonne foi à chacun de ces actes c'était purement et simplement rester fidèle aux principes de l'usucapion, puisqu'en cette autre matière il n'y a qu'un seul acte d'acquisition, lequel doit cependant être accompagné de bonne foi. D'ailleurs, le droit d'usucapion a été constitué surtout pour punir le propriétaire de sa longue négligence, tandis que le droit aux fruits a été concédé au possesseur en raison de l'intérêt qu'inspire sa bonne foi. Ainsi, au cas de vol ou de violence, si l'usucapion est impossible, c'est qu'il n'y a rien à reprocher au propriétaire, et si le possesseur acquiert

les fruits, c'est qu'il mérite toujours la même faveur. Dès
lors on conçoit facilement que la survenance de la mauvaise foi puisse mettre obstacle à toute acquisition ultérieure des fruits sans arrêter le cours de l'usucapion. Car
si le possesseur a cessé d'être favorable, le propriétaire
n'en reste pas moins coupable de négligence.

Remarquons qu'un singulier résultat se produit lorsque
le possesseur devenu de mauvaise foi parvient à rester
en possession le temps requis pour usucaper. En effet,
en même temps qu'il devient propriétaire de la chose
elle-même, il acquiert les fruits qu'il a cessé de faire siens
depuis que sa bonne foi est tombée. Car l'usucapion a un
effet rétroactif au jour où la possession a commencé, et
ce n'est plus désormais comme possesseur, mais bien
comme propriétaire que celui au profit duquel l'usucapion
s'est accomplie est réputé avoir perçu les fruits.

Nous venons de voir que la bonne foi est exigée à
chaque perception. Aussi faut-il que l'héritier du possesseur de bonne foi soit lui-même de bonne foi pour acquérir les fruits. Mais c'est une grave question que celle
de savoir si l'héritier du possesseur de mauvaise foi peut,
en vertu de sa bonne foi personnelle, faire siens les fruits
par lui perçus depuis l'ouverture de la succession. Puisqu'en matière de fruits il y a autant d'actes d'acquisition
que d'actes de perception, il faut, ce nous semble, considérer l'état de conviction dans lequel se trouve le possesseur au moment de chaque perception, sans aller rechercher si, antérieurement, il y a eu bonne ou mauvaise
foi. Nous nous rangeons donc à l'opinion d'après laquelle
la bonne foi de l'héritier fait cesser les effets de la mauvaise foi du défunt. Et, en effet, si la bonne foi n'est pas
transmissible, pourquoi la mauvaise foi le serait-elle?
Domat cite contre cette opinion la loi 2, C. *De fruct. et*

lit. exp. Mais cette loi est précisément écrite dans l'hypothèse où l'héritier n'est pas de meilleure foi que son auteur. Pothier argumente aussi contre nous de ce que la
possession de l'héritier n'est autre chose que la conti-
ation de celle du défunt. Mais quand il s'agit de l'acquisition des fruits, il ne peut y avoir confusion ou jonction de possession ; car, encore une fois, l'acquisition des
fruits d'une année est indépendante de l'acquisition des
fruits des années précédentes. Voët nous semble donc
avoir donné la vraie solution à la question lorsqu'il dit :
Sed etsi defunctum mala, hærédem bona fide rem posse-
disse, indeque fructus percepisse concipias, a defuncto qui-
dem perceptos omnino restituere compellitur, quia numquam
defuncti fuerunt; a se ipso autem perceptos ac consumptos
haud restituit : quia, licet mala fides defuncti obsit hæredi,
ne is, utcumque in bona fide, inchoet usucapionem rei per
defunctum mala fide possessæ, tamen id ad fructus trans-
ferandum non est, quorum intuitu non initium, singula
momenta spectantur (L. 23 et 48, *De adq. rer. dom.*).

Mais revenons à la règle d'après laquelle le possesseur
cesse de gagner les fruits du jour où il devient de mauvaise foi. Est-ce par application de cette règle que le
possesseur doit rendre, lors de la revendication, tous les
fruits par lui perçus depuis la *litis contestatio?* En d'autres termes, le possesseur est-il constitué de mauvaise foi
par le seul fait de la *litis contestatio?* Nous ne croyons pas
que les Romains eussent établi aucun lien de dépendance
entre la mauvaise foi qui met fin à l'acquisition des fruits
et la *litis contestatio.* En effet, si la mauvaise foi peut
exister avant le procès, il est évident aussi qu'elle peut
manquer pendant toute la durée du procès. Pour s'en
convaincre, il suffit de considérer que le défendeur court
le risque d'être injustement condamné, et certainement

alors il n'est pas possible de suspecter sa bonne foi. Nous
pouvons, du reste, argumenter de la loi 40, *pr. De hæred.
petit.* Dans cette loi, Paul recherche si le défendeur est
dans tous les cas tenu à une indemnité lorsque postérieurement à la *litis contestatio* la chose qui fait l'objet d'une
revendication ou d'une pétition d'hérédité périt par cas
fortuit, et il décide qu'il faut toujours établir une distinction entre le possesseur de mauvaise foi et le possesseur de bonne foi, le premier devant répondre du cas
fortuit, le second n'en étant pas responsable. Il justifie
cette décision par cette raison évidente : *Nec enim debet
possessor, aut mortalitatem præstare, aut propter metum
hujus periculi temere indefensum jus suum relinquere.* Il
reconnaît donc formellement que la *litis contestatio* ne
constitue pas le possesseur en état de mauvaise foi. Dès
lors, si le défendeur doit restituer dans tous les cas les
fruits par lui perçus depuis la *litis contestatio*, ce n'est pas
parce qu'il est réputé les avoir perçus de mauvaise foi.
En réalité, c'est en vertu du principe de la chose jugée,
principe que nous trouvons formulé en ces termes dans la
loi 20, *De rei vind. : Nec enim sufficit corpus ipsum restitui, sed opus est ut et causa rei restituatur, id est, ut omne
habeat petitor quod habiturus foret, si eo tempore, quo ju-
dicium accipiebatur, restitutus illi homo fuisset.* (Il s'agit
dans cette loi de la revendication d'un esclave.)

Le possesseur de bonne foi doit restituer au propriétaire non-seulement les fruits qu'il a perçus depuis la
litis contestatio, mais encore ceux qu'il aurait dû percevoir à partir de cette même époque. En effet, bien qu'il
ne puisse être assimilé à un possesseur de mauvaise foi,
il aurait dû cependant, quelque ferme conviction qu'il
conservât de son bon droit, prévoir la possibilité de perdre son procès et se considérer ainsi, en vue de cette

éventualité, comme l'administrateur de la chose d'autrui, par conséquent comme tenu d'être soigneux et diligent. Dès lors on peut, sans blesser l'équité, lui imposer l'obligation de restituer même les fruits qu'il a négligé de percevoir depuis le commencement du procès.

Nous avons essayé d'établir que du temps des jurisconsultes le possesseur de bonne foi gardait tous les fruits qu'il avait perçus avant la *litis contestatio*, qu'il les eût ou non consommés. Mais il est certain que dans le dernier état du droit, il est obligé de restituer, parmi ces fruits, les *fructus extantes*. Quels sont précisément les fruits compris sous cette expression? Selon nous, par *fructus extantes* on doit entendre les fruits qui, lors de la revendication, se trouvent encore en nature dans le patrimoine du défendeur. Par conséquent, les fruits sont réputés consommés dès qu'ils passent dans d'autres mains que celles du possesseur, alors même que la fortune de celui-ci en est augmentée d'une certaine valeur. Et en effet, toutes les lois qui traitent du possesseur de bonne foi le dispensent de la restitution des fruits consommés, sans distinguer s'il s'est ou non enrichi par suite de la consommation de ces fruits, et précisément cette distinction est soigneusement faite lorsqu'il s'agit du possesseur de bonne foi d'une hérédité. D'un autre côté, si on se reporte aux lois 1, *De Nautic. fœn.*, — 18, § ult., *De jure fisc.*, — 32, *De minor.*, on peut voir que le mot *consumere* est bien loin d'emporter l'idée d'une consommation sans profit. Il est vrai que dans quelques lois le même mot est synonyme de *perdere*, mais alors quelque chose l'indique, ainsi qu'on peut le voir dans la loi 24, § 4, *De minor.* On peut nous opposer une loi 72, *De leg.*, 2°, où il est dit : *Non absumitur quod in corpore patrimonii retinetur;* mais il s'agit dans cette loi d'une personne qui a été chargée de restituer après sa mort ce qui resterait d'une hérédité à elle déférée et qui a payé ses propres créanciers avec les deniers de cette hérédité. La loi décide avec raison que ces deniers doivent être restitués, parce que *non absumitur quod in corpore patrimonii retinetur*. L'argent est en effet chose fongible, et le grevé, en payant ses créanciers avec l'argent provenant de l'hérédité, a économisé d'autant ses propres revenus; par conséquent, il est pécuniairement dans la même position que s'il avait encore dans les mains les deniers héréditaires qu'il a employés au payement de ses dettes personnelles; il doit donc les restituer, et c'est là tout ce qu'a voulu dire le jurisconsulte.

Il est inutile de faire remarquer que tout ce que nous avons dit relativement aux voies de droit par lesquelles le propriétaire peut se faire restituer par le possesseur de mauvaise foi les fruits auxquels il a droit, s'applique nécessairement ici, lorsqu'il y a une restitution à faire.

§ II. *Cas où le propriétaire agit contre le possesseur par l'action en pétition d'hérédité.*

Ce cas est celui où un héritier veut faire valoir son droit contre une personne qui possède les objets de l'hérédité, soit en invoquant la qualité d'héritier (*pro hærede*), soit en n'alléguant d'autre cause de sa possession que cette possession elle-même (*pro possessore*). (L. 11 et 12, *De hæred. pet.*) Et en effet, on ne peut agir par la pétition d'hérédité contre celui qui, ne contestant pas au demandeur sa qualité d'héritier, possède, comme *acheteur*, comme *donataire*, etc., des choses de l'hérédité.

Ici, comme pour le cas de la revendication, nous distinguerons suivant que le possesseur est de bonne ou de mauvaise foi, nous référant du reste très-souvent à ce que nous avons déjà dit pour le possesseur d'une chose particulière.

I. Possesseur de mauvaise foi.

Le possesseur d'une hérédité doit, comme le possesseur d'une chose particulière, restituer tous les fruits qu'il a perçus, et cela sans qu'il y ait à rechercher s'il les a perçus avant ou après la *litis contestatio*, s'il s'est ou non enrichi. Mais à la différence de ce qu'on décide au cas de la revendication, on accorde au possesseur même de mauvaise foi le droit de répéter les frais qu'il a faits à l'occasion des fruits qu'il restitue ; c'est du moins l'opinion de Sabinus, opinion qui a prévalu, ainsi que cela résulte de la loi 36, § 5, *De hæred. petit.*, ainsi conçue : *Fructus intelliguntur deductis impensis, quæ quærendorum, congendorum conservandorumque eorum gratia fiunt. Quod non solum in bonæ fidei possessoribus naturalis ratio expostulat, verum etiam in prædonibus, sicut Sabino quoque placuit.* Cependant la pétition d'hérédité était à l'origine une action arbitraire, comme la revendication, et non pas une action de bonne foi. Mais de tout temps il a été admis que dans cette action l'*officium judicis* serait le même, à bien des égards, que dans les actions de bonne foi. Aussi Justinien a-t-il fini par ranger la pétition d'hérédité parmi les actions de bonne foi. Il est donc facile de comprendre comment on a reconnu au juge le droit de tenir compte au possesseur de l'hérédité des frais de labour et de semences faits par lui à l'occasion de fruits qui ne lui restent pas et qui vont augmenter le patrimoine de l'héritier.

En ce qui touche les fruits négligés antérieurement à la *litis contestatio*, la pétition d'hérédité était à l'origine placée sur la même ligne que la revendication. Le défen-

deur n'était comptable que de son dol *présent* et non de
son dol *passé*, et, par conséquent, ne répondait pas des
fruits qu'il avait omis de percevoir avant le moment où il
avait été actionné. Mais une autre règle fut introduite par
un sénatus-consulte célèbre rendu sous le règne d'Adrien
et que l'on désigne généralement sous le nom de *sénatus-*
consultum Juventianum. Il fut rendu, suivant M. du Caur-
roy, la veille des ides ou le 14 de mars, pendant le con-
sulat de J. Balbus et de J. Celsus, c'est-à-dire l'an de
Rome 882 et de Jésus-Christ 129. Ce sénatus-consulte
contenait une série de décisions fort importantes touchant
la pétition d'hérédité. Malheureusement le texte lui-même
ne nous en est pas parvenu. Toutefois, nous trouvons au
Digeste des fragments des jurisconsultes, et surtout d'Ulpien, qui nous font connaître la plupart des dispositions
qu'il renfermait. Nous savons notamment qu'en vertu de
cet acte législatif le possesseur de mauvaise foi d'une
hérédité dut désormais répondre de son dol passé et même
de sa faute passée (L. 25, § 2-7, L. 13, § 2, *De hæred.*
pet.). D'où on conclut tout naturellement que ce possesseur répondrait non-seulement des fruits qu'il aurait perçus en réalité, mais encore de ceux qu'il aurait négligé
de percevoir. (L. 25, § 4, *De hæred. pet.*) Nous avons
déjà dit que ces mêmes principes furent étendus à la
revendication par suite de l'influence qu'exerça sur la
pratique ce sénatus-consulte, et nous avons alors recherché comment on doit apprécier la négligence du possesseur. Sur ce point nous ne pouvons que renvoyer à cette
partie de notre travail.

Quant au mode dont la restitution de tous les fruits
dus par le possesseur peut être réclamée par l'héritier,
remarquons que l'hérédité est une universalité, susceptible dès lors de s'accroître de tous les fruits : *Fructus*

4.

omnes augent hœreditatem. (L. 20, § 3, L. 25, § 20, *De hœred. petit.*) Les fruits se fondant ainsi avec la masse héréditaire, ils sont toujours et nécessairement compris dans la pétition d'hérédité. Au contraire, dans la revendication d'une chose particulière, le juge peut bien les comprendre dans son *jussus*, mais il n'est point tenu de le faire, précisément parce que ces fruits restent distincts de la chose déterminée qui les a produits. Le demandeur qui ne les a point obtenus dans la revendication de la chose en est quitte pour les réclamer par une action particulière.

II. Possesseur de bonne foi.

Jusqu'au sénatus-consulte Juventien, le possesseur d'une hérédité, par cela seul qu'il était de bonne foi, gagnait tous les fruits, du moment qu'ils étaient séparés de la chose frugifère. Ainsi donc, il n'y avait à l'origine aucune différence sur ce point entre la revendication et la pétition d'hérédité. C'est qu'alors les fruits étaient considérés comme étant de simples accessoires des biens qui les avaient produits et étaient laissés en dehors de la masse héréditaire proprement dite. Il n'y avait par conséquent aucune contradiction, d'une part, à déclarer le possesseur tenu de restituer au véritable héritier tous les biens de la succession; d'autre part, à lui abandonner les fruits, car l'accessoire ne suit pas nécessairement le sort du principal. Mais plus tard on admit que les fruits devaient être regardés comme formant une partie de cet ensemble de choses qu'on appelle une *hérédité,* et on formula le principe : *Fructus augent hœreditatem* (L. 20, § 3, L. 25, § ult., L. 26, *De hœred. petit.*). Dès lors, les fruits se fondant dans la masse héréditaire et formant une partie du principal qui devait être restitué, il fallut bien décider, comme le fit le sénatus-consulte Juventien, que le possesseur serait tenu de rendre compte à l'héritier aussi bien des fruits produits par les biens héréditaires que de ces biens eux-mêmes.

Mais le possesseur de bonne foi n'est pas astreint à restituer à l'héritier la valeur intégrale des biens de la succession. Il n'est tenu de les rendre que jusqu'à concurrence de ce dont il se trouve profiter au temps de la *litis contestatio*. Et en effet, étant de bonne foi, se croyant héritier, il a pu licitement disposer, comme bon lui a semblé, de tout ce qui lui est parvenu desdits biens, et même les dissiper comme choses dont il se croyait de bonne foi légitime propriétaire. La même règle dut être appliquée aux fruits, du jour où ces fruits furent traités comme biens de la succession; et, en effet, le sénatus-consulte Juventien ne soumit le possesseur à l'obligation de restituer les fruits que jusqu'à concurrence de ce dont il se trouvait être plus riche lors de la *litis contestatio*, (L. 40, § 1, *De hæred. petit.*)

Cette règle, introduite sous Adrien, exerça une grande influence sur la matière de la revendication. Nous avons vu en effet que la loi 22, C., *De rei vindic.* changeant l'ancienne jurisprudence, était venue imposer au possesseur d'une *rei singularis* l'obligation de restituer les fruits encore existants. Or, quoique la distinction entre les *fructus extantes* et les *fruc us consumpti*, établie par la Constitution de Dioclétien et de Maximin, ne soit pas parfaitement adéquate à celle qui existe entre les fruits qui ont servi à l'enrichissement du possesseur de l'hérédité et ceux dont il n'a pas tiré profit, il est cependant facile d'admettre qu'elle en dérive historiquement. Si le sénatus-consulte Juventien eut une telle influence, c'est qu'il semblait satisfaire à ce principe d'équité naturelle d'après lequel nul ne doit s'enrichir aux dépens d'autrui. Mais est-il besoin de faire remarquer à quelles difficultés pratiques cette innovation dut donner lieu dès qu'il s'agit de l'appliquer? On comprend en effet que le juge, pour apprécier si le possesseur se trouvait ou non enrichi par suite des fruits qu'il avait perçus, devait se livrer aux investigations les plus minutieuses, et entrer, le plus souvent, dans le secret de ses affaires particulières, sans jamais pouvoir arriver à une solution bien exacte. Aussi nous étonnons-nous que le sénatus-consulte Juventien ait exercé son influence jusque sur nos anciens jurisconsultes, et félicitons-nous les rédacteurs du Code Napoléon de l'avoir définitivement abandonné.

Le possesseur de bonne foi n'est tenu de restituer les fruits qu'il a perçus sur les biens héréditaires que jusqu'à concurrence de ce dont il s'est enrichi. Il va de soi qu'il n'est soumis à aucune obligation relativement aux fruits qu'il a négligé de percevoir. Au contraire, le possesseur de mauvaise foi, ainsi que nous l'avons déjà dit, doit rendre compte et de tous les fruits qu'il a perçus, et des fruits qu'il a négligé de percevoir. (L. 25, § 4, *De hœred. petit.*) Cette différence entre le possesseur de bonne foi et le possesseur de mauvaise foi ne subsiste d'ailleurs que jusqu'à la *litis contestatio.* (L. 4, § 4, C., *De pet. hœred.*) Sans doute, même après la demande, le possesseur peut encore se prétendre de bonne foi. Mais cette bonne foi n'a plus pour effet de nuire à l'héritier véritable qui a demandé son bien et qui n'a plus aucune faute à se reprocher.

Nous avons vu que la *pétition d'hérédité* ne peut être exercée que contre celui qui possède *pro hœrede* ou *pro possessore;* celui qui possède à tout autre titre ne peut être poursuivi, en règle générale, que par l'*action en revendica-*

tion. Il y a cependant des cas dans lesquels l'utilité pratique a fait reconnaître contre ce dernier une sorte de pétition d'hérédité *utile.* Supposons, par exemple, qu'une personne ait acheté l'hérédité ou une part d'hérédité et qu'en conséquence elle possède *pro emptore ;* régulièrement le véritable héritier devrait procéder contre elle par la revendication, mais alors il devrait revendiquer en particulier chacun des objets compris dans la masse; il y aurait là un inconvénient pratique, d'une part pour le demandeur qui devrait faire plusieurs procès, d'autre part pour le défendeur qui serait ainsi tourmenté par plusieurs actions particulières. Aussi, dans cette hypothèse, le véritable héritier peut-il avoir recours à la pétition d'hérédité pour réclamer toutes les choses héréditaires en une fois et tout terminer par un seul et unique procès. (L. 13, § 4 et 8, *De hæred. petit.*) Seulement, comme cette pétition d'hérédité déroge aux règles ordinaires, c'est une pétition d'hérédité *utile.* La question peut dès lors se présenter de savoir si les fruits seront traités dans cette pétition d'hérédité comme dans la pétition d'hérédité ordinaire. D'après un premier système, la maxime, *fructus augent hæreditatem,* ne s'appliquerait pas à ce cas particulier, et le possesseur, obligé de restituer les fruits encore existants en nature, ne serait pas tenu à rendre compte des fruits consommés, alors même que son patrimoine en aurait été augmenté. Au contraire, d'après un second système, il y serait tenu *quatenus locupletior factus est.* Bien que les textes ne s'expliquent point sur ce point, nous pensons que la pétition d'hérédité utile doit être placée par rapport aux fruits sur la même ligne que la revendication. La raison en est simple. La pétition d'hérédité n'est en réalité autre chose que la concentration dans une seule et même action d'une foule de petites revendications successives; ajoutons qu'elle a été introduite dans l'intérêt même du défendeur, *ne singulis judiciis vexaretur,* dit Ulpien. Or ce serait retourner contre le possesseur le bénéfice introduit en sa faveur que de lui imposer l'obligation de restituer les fruits jusqu'à concurrence de l'enrichissement que la consommation de ces fruits lui aurait procuré.

SECTION TROISIÈME.

RAPPORTS ENTRE DEUX PROPRIÉTAIRES DONT L'UN SUCCÈDE A L'AUTRE.

En recherchant si le propriétaire acquiert les fruits même pendant le temps de sa dépossession, nous avons rencontré un nouvel acquéreur de fruits, le possesseur de bonne foi, et nous avons dû nous étendre assez longuement à son sujet. Revenons maintenant au propriétaire lui-même, en nous demandant comment s'acquièrent les fruits lorsque la propriété de la chose productive est transférée d'une personne à une autre.

La propriété, en droit romain, est transmise de quatre manières différentes : 1° par *tradition,* 2° par *succession,* 3° par *legs,* 4° par *usucapion.* Nous n'avons pas à nous occuper du cas où la propriété est transmise par usucapion. En effet, l'usucapion ne peut s'accomplir qu'autant qu'il y a eu possession prolongée, et nous venons de voir comment et dans quel cas le possesseur peut avoir droit aux fruits. Restent les trois autres cas, qui nous offrent d'ailleurs, sur notre matière, des règles fort importantes à étudier.

§ Ier. *Tradition.*

Jusqu'au jour de la tradition, le débiteur reste, d'après le droit romain, propriétaire de la chose dont il s'est engagé à transférer la propriété. Jusqu'à ce moment, par conséquent, lui seul, régulièrement, a droit aux fruits que la chose a pu produire. Tant pis pour le créancier qui, ayant le droit de demander la tradition, ne l'a pas fait plus tôt! Mais il peut arriver que le créancier ait réclamé la délivrance, et que le débiteur se soit refusé à l'effectuer. Ce retard injuste ne peut évidemment préjudicier au créancier. Aussi le débiteur devra-t-il être condamné à lui restituer tous les fruits depuis le jour où il aura été mis en demeure de satisfaire à son obligation, et non-seulement les fruits qu'il aura perçus en réalité, mais même les *fructus percipiendi* (L. 38, § 8, *De usur.*). Toutefois il n'en sera ainsi que si le créancier agit par une action *de bonne foi*, car, dans les actions de *droit strict*, le juge ne peut se laisser guider par l'équité, en condamnant le débiteur à indemniser le créancier des fruits dont celui-ci a été privé par suite du retard mis à la délivrance de la chose. En effet, dans ces sortes d'actions, la *formule* est conçue de manière à enlever au juge tout pouvoir d'apprécier et d'évaluer. Il ne peut que condamner le débiteur à exécuter purement et simplement l'obligation à laquelle il s'est soumis expressément, c'est-à-dire à transférer la propriété de la chose elle-même. Il en résulte que le créancier muni d'une action de droit strict n'a d'autre ressource que de poursuivre au plus vite le débiteur. A l'origine il ne pouvait même pas réclamer les fruits perçus par celui-ci depuis la *litis contestatio*. Mais Sabinus et Cassius avaient fini par faire triompher cette idée que, même dans les actions de droit strict, le demandeur devait être indemnisé de tout ce qu'il aurait eu si la chose eût été restituée aussitôt que demandée en justice. En conséquence, depuis ces jurisconsultes, on doit, dans tous les cas, reconnaître au créancier le droit de réclamer du débiteur tous les fruits à partir de la *litis contestatio*, aussi bien ceux qui ont été perçus en réalité que ceux qui auraient dû l'être.

Ne peut-il pas se faire que dans certains cas les fruits soient dus avant la *mora*, dans les actions de bonne foi, avant la *litis contestatio*, dans les actions de droit strict? Oui, sans doute. Il est bien évident, en effet, que les fruits perçus depuis le jour de l'obligation contractée peuvent être exigés s'ils ont fait l'objet d'une clause spéciale de la convention. Ainsi on a stipulé *rem dari vacuamque possessionem tradi;* le débiteur, en répondant à une stipulation de ce genre, s'est expressément engagé à restituer les fruits que la chose produirait du jour de la convention. (L. 4, *De usur.*) Il en est de même si les fruits dont il s'agit peuvent être considérés comme ayant été tacitement compris dans l'obligation. Ainsi supposons que, lors de la vente d'un fonds, ce fonds fût couvert de fruits sur le point d'être récoltés; certainement le vendeur ne s'acquittera envers l'acheteur qu'en lui livrant ces fruits en même temps que le fonds lui-même, car ils ont été achetés comme le fonds et sont entrés en considération dans la fixation du prix : *Quia pars agri fuisse videntur et ob eos etiam pluris veniisse*, dit fort bien Cujas. Enfin, dans les contrats bilatéraux, qui sont tous des contrats de bonne foi, l'équité exige le plus souvent que les fruits soient restitués au créancier de la chose productive à partir du moment où lui-même a exécuté son obligation. Ainsi, en matière de vente, l'acheteur a droit aux fruits du jour où il a payé le prix convenu (Paul, *Sent.* II, 17, § 7), car de ce jour les fruits ne peuvent plus se compenser avec les intérêts du prix, *usuræ quæ vicem fructuum obtinent*, et le vendeur ne peut, sans blesser l'équité, jouir à la fois du prix et de la chose, par cela seul qu'il n'a pas encore exécuté l'obligation à laquelle il s'est soumis.

§ II. *Succession.*

On trouve dans le droit deux sortes d'héritiers. Les uns, par suite d'un droit de famille que le défunt avait sur eux jusqu'à sa mort, acquièrent l'hérédité *ipso jure*, sans et même contre leur volonté. On les nomme *hæredes necessarii* ou *hæredes sui et necessarii*, suivant que la cause pour laquelle ils acquièrent *ipso jure* la succession est la *dominica potestas* ou une autre *potestas* appartenant au défunt sur eux. Les autres, désignés sous le nom d'*hæredes extranei*, ne sont héritiers qu'autant qu'ils manifestent expressément ou tacitement leur volonté de le devenir. Les uns et les autres ont droit aux fruits que les choses héréditaires ont pu produire depuis le décès du *de cujus*, si ce n'est dans le cas où l'hérédité a été possédée par un possesseur de bonne foi. (Voir page 52.) En effet, les héritiers nécessaires, comme nous venons de le faire observer, sont devenus propriétaires du jour même où la succession s'est ouverte. Quant aux *hæredes extranei*, s'ils prennent les fruits produits avant l'acceptation de la succession, c'est que les choses qui accèdent aux biens, même après le décès du défunt, *videntur a defuncto habitæ*, et dès lors forment une partie des biens héréditaires. Ainsi que le dit la loi 20, § 3, *De hæred. petit.* : *Fructus omnes augent hæreditatem, sive ante aditam, sive post aditam hæreditatem.*

§ III. *Legs.*

Nous n'avons à parler du legs qu'en supposant qu'il emporte par lui-même et sans tradition de la chose translation de propriété. Nous laissons nécessairement de côté les cas où le legs, même sous Justinien, ne produit qu'un droit de créance, cas pour lesquels il n'y a qu'à répéter ce que nous avons dit en parlant de la tradition.

Puisque nous supposons un legs translatif de propriété, il semble que le légataire, devenant propriétaire de la chose léguée du jour du décès du testateur, alors même qu'il ne connaîtrait pas son droit (L. 86, § 2, *De legat.* 1°; L. 6, 4 *in fine, De furt.*; L. 80, *De legat.* 2°), doit pouvoir réclamer les fruits produits à partir de cette même époque. Il n'en est pas ainsi, et de nombreux textes le prouvent surabondamment (L. 3, L. 32, § 2, L. 34, *De usur.*; L. 23, *De legat.* 1°; L. 84, L. 87, § 1, *De legat.* 2°; L. 40, *De adq. rer. dom.*; L. 1, 2, 4, C., *De usur.*). En réalité, les fruits n'appartiennent au légataire que du jour où il met l'héritier en demeure de lui livrer la chose léguée. Jusqu'à ce moment, en effet, l'héritier a bien pu savoir que le testateur avait disposé, mais il a ignoré si sa libéralité serait acceptée; par conséquent, sa jouissance n'a pas été une usurpation, et on doit le traiter comme un possesseur de bonne foi, en lui laissant les fruits jusqu'à ce que le légataire manifeste l'intention de profiter du legs qui lui a été fait, c'est-à-dire jusqu'à la mise en demeure. Il est vrai que la loi 40, *De adq. rer. dom.*, assujettit l'héritier à l'obligation de rendre compte des fruits par cela seul qu'il a eu connaissance du legs; mais il est évident que celui-ci ne peut acquérir légalement cette connaissance que par la mise en demeure, qui est une véritable acceptation du legs. Quant aux lois 1, 2, 4, C., *De usur.*, qui ne parlent plus seulement de la *mora*, mais de la *litis contestatio*, elles ne peuvent rien fournir contre notre système, car elles opposent simplement la *litis contestatio* à l'époque du décès, et ne font aucune mention de la mise en demeure, parce qu'il arrive souvent que l'héritier n'a pas été mis en demeure avant d'être appelé en justice.

Mais, du moins, l'héritier ne doit-il pas faire raison au légataire des fruits qui étaient pendants lors de l'ouverture du legs, puisque ces fruits peuvent être considérés comme une partie même de la chose léguée : *Cum fructus pendentes sint pars fundi?* Nous ne le pensons pas, car si les fruits faisaient partie de l'héritage légué, ils n'en faisaient partie que *ad tempus*, jusqu'à ce qu'ils en fussent détachés, et en les détachant l'héritier n'a fait qu'user de son droit, puisque jusqu'à la mise en demeure il a qualité pour percevoir les fruits du fonds.

Telles sont les règles générales en matière de legs. Mais ces règles fléchissent, bien entendu, si le testateur a réglé par sa disposition ce qui regarde les fruits que pourraient produire les choses léguées (L. 43, § 2, *De legat.* 2°). En outre, s'il s'agit de legs faits à des mineurs ou de legs pieux, les fruits, par exception, sont dus de plein droit du jour du décès du testateur (L. 87, § 1, *De legat.* 2°; L. 46, § 4, *De episc. et cleric.; Nov.* 131, § 2).

SECTION QUATRIÈME.

DU CAS OU LA CHOSE PRODUCTIVE EST RESTITUÉE A UN PRÉCÉDENT PROPRIÉTAIRE OU A CELUI QUI LE REPRÉSENTE.

Après avoir étudié, au point de vue des fruits, le cas où la propriété de la chose frugifère est transférée d'une personne à une autre, alors que cette chose n'a jamais appartenu à celui entre les mains duquel elle passe, nous devons rechercher brièvement par quelles règles les fruits sont régis, lorsque le précédent propriétaire ou celui qui le représente recouvre, par l'effet d'une action en *resci-*

sion ou en *résolution*, un ancien droit de propriété. C'est là, en effet, une distinction posée par la loi 38, § 7, *De usur*.

Régulièrement, non-seulement la chose elle-même doit être restituée, mais aussi tous les fruits qu'elle a pu produire. *Verbum restituas habet plenam significationem ut fructus restituantur*, dit la loi 38, § 4, *De usur*. En effet, s'il y a *rescision*, c'est que, dans le contrat qui a motivé la translation de propriété, le consentement du *tradens* a été entaché de quelque vice (*restitutio in integrum, actio doli, actio quod metus causa*), ou a été donné sans cause (*condictio sine causa, condictio indebiti*), ou en vue d'une cause qui ne s'est pas réalisée (*condictio causa data, causa non secuta, condictio ob turpem causam*). L'équité exige que toutes les conséquences d'un semblable consentement soient annulées. Il faut donc décider que non-seulement la translation de propriété tombe, mais encore que l'*accipiens*, devenu à tort propriétaire, est tenu de restituer tous les fruits par lui perçus (L. 15, *De condict. indebit.*). *Nam hoc natura æquum est neminem cum alterius detrimento fieri locupletiorem* (L. 14, *De condict. indeb.*). Il faut même aller plus loin et dire que celui qui, connaissant le vice du consentement, aura cependant accepté la tradition, devra tenir compte à l'ancien propriétaire des *fructus percipiendi*, et réparer ainsi le dommage qu'il aura causé par sa faute.

Si, au contraire, il y a simple *résolution*, c'est en vertu d'une condition résolutoire mise au contrat, ou par les parties, ou par la loi elle-même. Or, l'effet d'une condition de ce genre est de faire considérer le contrat comme n'ayant jamais été consenti. Dès lors l'acquéreur doit transférer de nouveau la propriété à celui de qui il la tient, et restituer en même temps tous les bénéfices qu'il a pu faire comme propriétaire. Parmi ces bénéfices, les fruits occupent naturellement le premier rang.

Toutefois, nous rencontrons d'assez nombreuses exceptions à cette règle, d'après laquelle le propriétaire sous condition résolutoire doit, lorsque la condition se réalise, tenir compte des fruits par lui perçus. Toutes ces exceptions s'expliquent, ou par un motif d'équité, ou par l'intention présumée des parties. Ainsi nous voyons que l'acheteur qui a, *pendente conditione*, perçu les fruits de la chose qui lui avait été vendue sous condition n'est pas soumis à l'obligation de rendre ces fruits. C'est qu'en effet les fruits sont réputés se compenser avec les intérêts du prix qui a été remis au vendeur, et qu'il serait contraire à l'équité d'obliger l'acheteur à rendre les fruits sans obliger le vendeur à restituer les intérêts du prix. Lorsqu'une donation est réduite comme excédant la quotité disponible ou est rapportée par le successible à qui elle a été faite (*collatio bonorum*), les fruits sont dus, non pas du jour de la donation, mais simplement du jour du décès. C'est qu'on suppose que si le défunt n'eût pas fait la donation dont il s'agit, *lautius vixisset* et aurait consommé tous les fruits des biens qu'il a préféré donner. Si le grevé de substitution ne restitue pas les fruits de l'hérédité qu'il est chargé de conserver et de rendre, c'est par interprétation de la volonté du défunt, qui certainement a voulu lui laisser la jouissance des biens héréditaires jusqu'au moment de l'ouverture de la substitution. Quant au donataire dont la donation est révoquée pour survenance d'enfant, s'il ne doit compte des fruits que du jour où la naissance de l'enfant lui est connue, c'est plutôt par application des règles que nous avons données concernant le possesseur de bonne foi que par tout autre motif.

SECTION CINQUIÈME.

DU DROIT DES POSSESSEURS DE FONDS PROVINCIAUX.

Les fonds provinciaux ne sont pas susceptibles de propriété privée dans les principes du droit civil; le domaine en appartient au peuple romain ou à l'empereur; les particuliers n'en ont que la possession et la jouissance. « *In provinciali solo*, dit Gaïus, *dominium populi* » *romani est vel Cæsaris, nos autem possessionem tantum* » *et usumfructum habere videmur.* » Théophile (*Paraphr.*, § 40, *Inst.*, *De rer. divis.*) dit aussi que les particuliers n'ont pas la propriété de ces fonds, mais *la jouissance et la possession très-pleine.* Les possesseurs sont soumis à une redevance annuelle qui, suivant que la province est au peuple romain ou à l'empereur, se paye au trésor public (*ærarium*) et s'appelle *stipendium*, ou à la caisse impériale (*fiscus*) et s'appelle *tributum;* d'où la distinction des fonds stipendiaires et tributaires.

Cependant cette *possession très-pleine*, à laquelle les principes rigoureux du droit romain refusent le titre de propriété, produit les mêmes effets que la propriété. Elle est garantie par une action réelle (Arg. L. 8. pr., C., *De præscript. trig. ann.*); on peut la transférer à des tiers ou la transmettre à ses héritiers; et, en ce qui touche les fruits, elle donne certainement le droit de les acquérir comme le propriétaire lui-même, c'est-à-dire par la simple séparation.

Nous terminons ici ce que nous avons cru devoir dire sur le droit aux fruits du propriétaire et sur celui du possesseur, qui n'est autre chose qu'un propriétaire apparent. Suivant une marche très-simple, c'est-à-dire nous conformant à l'ordre des Instituts, nous arrivons, avec le § 36, *De rer. divis.*, à traiter du droit de l'usufruitier et des droits analogues.

CHAPITRE DEUXIÈME.

DE L'ACQUISITION DES FRUITS PAR L'USUFRUITIER, LE MARI, L'USAGER.

SECTION PREMIÈRE.

DU DROIT DE L'USUFRUITIER.

L'usufruit, ainsi que l'indique l'étymologie du mot, comprend deux droits bien distincts : l'*usus*, c'est-à-dire le droit de se servir de la chose d'autrui, droit dont nous n'avons pas ici à nous occuper, quelque important qu'il soit; et le *fructus*, c'est-à-dire le droit de recueillir les fruits de cette chose. Quelle est l'étendue de ce dernier droit ? comment s'exerce-t-il ? quand cesse-t-il ? voilà les diverses questions que nous allons successivement examiner.

L'usufruitier a droit, d'après les textes, à tout ce qui naît de la chose soumise à l'usufruit. (L. 7, *pr. De usuf.*) C'est s'exprimer d'une manière un peu trop large. En réalité, il n'a droit qu'aux fruits qui, ainsi que nous l'avons dit, sont les produits que la chose est destinée à donner.

Ainsi l'usufruitier a droit aux céréales et aux autres fruits de la terre, aux fruits des arbres, aux olives, au raisin, aux arbres et plants que peut fournir une pépinière (L. 9, § 6, *De usuf.*), au croît, à la laine, au lait des animaux. (L. 28, *De usur.*)

L'usufruitier a encore droit aux produits que l'on peut extraire des mines ou carrières. Il n'est pas nécessaire pour cela que le propriétaire ait lui-même ouvert la carrière ou la mine. L'usufruitier peut donc commencer l'exploitation, *ipse instruere.* (L. 23, § 5, *De usuf.*) Nous avons vu, en effet, que la grande abondance des produits que l'on peut tirer d'une carrière les a fait considérer comme de véritables fruits. Toutefois, une exception a été admise en ce qui concerne les *marbres.* On ne les donne à l'usufruitier qu'autant que le propriétaire en a commencé l'exploitation, alors même qu'on les considère comme susceptibles de se reproduire. (L. 18, *De fund. dot.*; L. 7, § 13, *Solut. matrim.*)

Les arbres d'un bois ou d'une forêt ne constituant des fruits que s'il s'agit de bois taillis ou de futaies aménagées, l'usufruitier ne profite que des coupes qu'il fait, en observant l'époque et la quotité fixées par le propriétaire, qui, seul, peut donner à ses bois le caractère de bois taillis ou aménager ses futaies. (L. 9, § *ult.*, L. 10, L. 11, *De usuf.*)

Si l'usufruitier n'a droit qu'aux fruits, du moins a-t-il droit à tous les fruits. Aussi est-il tenu à tout ce qui, dans l'usage, est considéré comme charges des fruits. Prenant, en effet, les émoluments de la chose, il est juste qu'il supporte les diverses charges qui s'acquittent ou sont censées s'acquitter sur les émoluments. C'est l'un des cas où l'on peut répéter l'adage célèbre : *Quem sequuntur commoda, eumdem sequi debent incommoda.* Nous voyons, par exemple, dans la loi 7, § 2, *De usuf.*, que l'usufruitier est tenu des impôts.

Mais comment acquiert-il les fruits auxquels il peut avoir droit ? Le droit de percevoir les fruits commence du jour où l'usufruit s'est ouvert. Aussi l'usufruitier profite-t-il non-seulement de ceux qui naissent depuis cette époque, mais encore de ceux qui sont nés auparavant et qu'il trouve pendants par branches ou par racines lors de son entrée en jouissance. Il en profite en ce sens que si l'usufruit ne s'éteint pas trop tôt, il pourra les percevoir. (L. 27, *pr.*, *De usuf.*) Et cette règle s'applique aussi bien aux fruits industriels qu'aux fruits naturels, sans qu'il y ait à rechercher qui a fourni les semences et le travail (L. 25, § 1, *De usur.*); car le droit qu'a l'usufruitier de percevoir les fruits, il l'a en sa seule qualité d'usufruitier. Il ne doit même aucun compte des frais de labours au nu-propriétaire. Un texte le prouve clairement; c'est la loi 34, § 1, *De usuf.* Cette loi suppose qu'un légataire d'usufruit, avant son entrée en jouissance comme usufruitier, tenait les biens à ferme, et avait, en conséquence, fait les frais de culture. C'est donc comme fermier, et pour obtenir à ce titre les fruits du fonds, qu'il a fait ces frais. Les fruits, il va les percevoir, cela est vrai; mais comme usufruitier et non comme fermier. Ce n'est donc point à ses travaux et à sa qualité de fermier qu'il les devra. Par conséquent, il n'obtiendra pas en définitive comme fermier les avantages que le bail devait lui procurer. Cela étant, les dépenses qu'il a faites pour la culture, en exécution du bail, sont en pure perte pour lui. Il doit donc en être indemnisé; car les dépenses de culture ne sont à la charge du fermier qu'autant que le bailleur lui fait avoir, à titre de fermier, les fruits de la chose louée. Aussi dans l'espèce le légataire a-t-il le droit, tout en réclamant de l'héritier, par l'action réelle, l'usufruit qui lui a été légué, de réclamer également de lui, par l'action *ex conducto*, le remboursement de ses frais de culture, absolument comme si c'était à un tiers qu'eût été légué l'usufruit.

L'usufruitier ne peut acquérir les fruits qu'à condition qu'ils soient séparés de la chose frugifère. En effet, il n'a droit qu'aux fruits, et, jusqu'au moment de la sépara-

5.

tion, les fruits font partie intégrante de la chose frugifère. À ce titre et en cet état ils appartiennent nécessairement au nu-propriétaire avec la chose elle-même, et
continuent de lui appartenir lors même qu'ils sont arrivés
à leur maturité. (L. 44, *De rei vindic.*)

Une séparation quelconque suffit-t-elle à rendre l'usufruitier propriétaire? L'usufruitier a le droit de jouir, il
est vrai; mais on a entendu cela en ce sens qu'il a simplement le droit de percevoir les fruits, de les recueillir,
soit par lui-même, soit par quelqu'un qui les perçoive en
son nom; c'est par le fait de cette perception que son
droit s'exerce, et partant que les fruits lui sont acquis. Il
en résulte qu'il n'est pas propriétaire des fruits qu'un
coup de vent ou l'orage a abattus ou arrachés, ni de
ceux qui sont tombés d'eux-mêmes, ni de ceux qui auraient été détachés par un voleur ou par un maraudeur.
Nous trouvons dans la loi 12, § 5, *De usuf.*, une application importante de cette règle. Si un voleur vient à couper
ou à cueillir des fruits, l'usufruitier a bien contre lui l'action *furti*, parce que le vol le lèse et que l'action *furti*
compète à quiconque est lésé par un vol. Mais il n'a pas
la *condictio furtiva* contre le voleur, parce que cette
action n'appartient qu'au propriétaire de la chose volée.
Le nu-propriétaire a donc seul, dans l'espèce, qualité
pour l'intenter, puisque c'est lui qui est propriétaire des
fruits détachés par le voleur.

Nous constatons par là une différence notable entre
l'usufruitier et le possesseur de bonne foi, puisque celui-ci
acquiert les fruits une fois qu'ils ont été détachés, n'importe par qui ni comment. Selon les commentateurs, cette
différence vient de ce que l'usufruitier ne possède pas la
chose, ni dès lors les fruits qui en font partie. Or, d'après
le droit des gens, c'est la possession qui conduit à la pro-

priété ; il est donc nécessaire que l'usufruitier, pour devenir propriétaire des fruits, commence par en prendre
possession en les percevant ou en les faisant percevoir.
S'il en est ainsi, on a eu raison, comme le fait observer
M. Bugnet dans ses notes sur Pothier (tome VI, page 397,
note 2), de traiter de subtilité la décision des jurisconsultes romains sur ce point. « Eux qui, au sujet des ser-
» vitudes disaient : *Usum ejus juris pro traditione posses-*
» *sionis accipiendum esse ;* et en parlant de l'usufruit :
» *Dare autem intelligitur si induxerit in fundum legatarius*
» *eumve patiatur utifrui,* auraient bien pu considérer les
» actes de jouissance de l'usufruit comme équivalant à
» la possession quant à l'usufruit, car ils sont plus ca-
» ractérisés que l'exercice d'une servitude, et admettre
» en conséquence que l'usufruitier possédait suffisam-
» ment pour acquérir les fruits détachés. »

Du reste, cette différence que nous venons d'exposer
entre l'usufruitier et le possesseur de bonne foi n'a pas
lieu pour tous les fruits ; car il est des fruits qui, dans
l'ordre de la nature, se détachent d'eux-mêmes sans que
la main de l'homme y contribue. Ceux-là sont acquis à
l'usufruitier sans aucun fait de sa part, avant même, par
conséquent, qu'il en ait pris possession. Tel est le croît
des animaux, lequel est acquis à l'usufruitier dès que les
mères ont mis bas. (L. 28, *De usur.*)

L'usufruitier ne devient donc, en règle générale, propriétaire des fruits qu'en les percevant. Mais ne pourra-
t-il pas, si le débiteur met du retard à effectuer la délivrance de la chose soumise à l'usufruit, se faire tenir
compte des fruits indûment perçus par celui-ci ? Sans aucun doute ; car autre chose est le droit à l'émolument
résultant de la jouissance, autre chose le droit de propriété sur les fruits. Or, le droit à l'émolument est né

pour l'usufruitier du jour même où l'usufruit aurait dû être constitué. D'ailleurs, nul ne peut s'enrichir aux dépens d'autrui. (L. 14, *De cond. indeb.*) Si donc l'usufruit existe comme droit *réel*, l'usufruitier pourra réclamer les fruits du jour même de son droit. (Arg., L. 33, *pr.*, *De rei vindic.*) S'il y a simplement obligation de constituer l'usufruit, il faut distinguer. L'obligation est-elle de bonne foi? le débiteur devra les fruits du jour de la mise en demeure. Est-elle de droit strict? il les devra du jour de la *litis contestatio*. Il n'y a en effet aucune raison pour que l'obligation de constituer un usufruit soit à cet égard réglée autrement que l'obligation de transférer la propriété.

En règle générale, les fruits acquis à l'usufruitier le sont irrévocablement. L'usufruit aurait beau s'éteindre avant qu'il les eût consommés, l'usufruitier ne serait pas pour cela tenu de les rendre au propriétaire. Il n'y a donc pas ici à distinguer, comme pour le possesseur de bonne foi, entre les fruits extants et les fruits consommés. Nous disons qu'en règle générale les fruits sont acquis à l'usufruitier dès qu'il les a perçus; mais nous devons signaler une exception à cette règle. L'usufruitier est tenu d'entretenir la chose. Il en résulte que l'usufruitier d'un troupeau doit consacrer le croît des animaux à tenir au complet le troupeau; ce n'est donc que lorsqu'il n'y a plus lieu à remplacement que le droit de l'usufruitier sur le croît est définitif. (L. 68, § *ult.*, L. 69, L. 70, *pr.*, *De usuf.*)

Le droit de percevoir les fruits s'éteint en même temps que l'usufruit lui-même. Il en résulte qu'à l'extinction de l'usufruit, l'usufruitier ou sa succession ne saurait prétendre aux fruits qui n'ont pas encore été perçus, et ce, alors même que ces fruits seraient en pleine maturité.

Ainsi, lorsque l'usufruitier meurt au milieu de la récolte, les épis coupés, quoique n'étant pas encore enlevés, appartiennent à son héritier, tandis que ceux qui tiennent encore à la terre vont au nu-propriétaire.

Mais le propriétaire qui recueille les fruits qu'il trouve pendants lors de l'extinction de l'usufruit doit-il compte à l'usufruitier ou à sa succession des frais de culture? Nous avons déjà montré que l'usufruitier qui profite des fruits pendants lors de son entrée en jouissance n'avait à payer aucuns frais de ce genre. Par compensation, nous dirons que ceux qu'il laisse en sortant reviennent sans aucune déduction au propriétaire. Tant mieux pour l'usufruitier au premier cas! il a l'émolument de la récolte sans avoir fait les frais de culture; tant pis, si, au second cas, il a fait les frais sans avoir en définitive la récolte! Ainsi le comporte la nature de son droit. D'ailleurs, nous ne trouvons pas la moindre trace dans les textes d'un compte, quel qu'il soit, à établir à ce sujet entre le nu-propriétaire et l'usufruitier.

Remarquons, en terminant ce qui est relatif à l'usufruitier, que les causes d'extinction de l'usufruit sont extrêmement nombreuses. En effet, l'usufruit absorbant tous les fruits de la chose, et cela sans aucune compensation pour le propriétaire, il fallait bien en limiter la durée sous peine de réduire la nu-propriété à un vain mot : *Ne tamen in universum inutiles essent proprietates, semper abscedente usufructu; placuit certis modis extingui usumfructum et ad proprietatem reverti. (De usuf., § 1, Inst.; L. 16, C., De usuf. et hab.)* De là un certain nombre de modes d'extinction plus ou moins arbitraires par lesquels le législateur qui admettait et réglementait ce droit a cru devoir en même temps le faire finir.

SECTION DEUXIÈME.

DU DROIT DU MARI SUR LES FRUITS DE LA DOT.

Le mari est propriétaire de la *dot*, c'est-à-dire des biens qui lui sont donnés par la femme ou du moins pour sa femme, *ad onera matrimonii ferenda*. Cela résulte d'une manière évidente de textes nombreux, et notamment des suivants : Gaïus, II, §§ 62, 63 ; L. 7, *De fund. dot.*; L. 49, *De furt.* ; L. 24, *De act. rer. amot.* Toutefois, le mari n'exerce pas sur les biens dotaux tous les droits d'un propriétaire. D'une part, en effet, il est tenu de restituer la dot dès qu'elle a rempli la destination qui lui a été donnée, c'est-à-dire après la dissolution du mariage ; et, par conséquent, durant le mariage, il doit veiller à tout ce qui concerne la conservation des biens qui la composent. D'autre part, depuis le LEX JULIA *De adulteriis*, il ne peut ni aliéner ni hypothéquer le *fundus dotalis*. Aussi, en réalité, ses droits se réduisent-ils à deux : 1° un droit d'administration ; 2° un droit de jouissance. Et en définitive, il a à peu près les mêmes émoluments qu'un usufruitier. C'est précisément par ce motif que nous n'avons pas parlé du droit que le mari peut avoir sur les fruits de sa dot, lorsque nous avons traité du droit du propriétaire en général, et que nous avons réservé cette matière jusqu'à ce moment pour l'étudier avec plus de facilité.

Dominus dotis, le mari a nécessairement droit à tous les fruits industriels et naturels que les choses dotales sont susceptibles de produire, et cela, avant même qu'ils soient détachés. Mais ces fruits ne lui sont attribués qu'à condition qu'il supportera non-seulement ce qui dans l'usage est considéré comme charges des fruits, mais encore toutes les dépenses du ménage, *onera quæ sunt*

innumera, a dit Cujas. En sorte qu'on peut répéter avec
le même Cujas : *Quid est dos ? Pensatio oneris matrimonii.*
Toutefois, remarquons dès maintenant que le mari n'est
pas obligé d'appliquer exactement les fruits de la dot aux
dépenses que lui impose le mariage ni à restituer l'excédant. Il a fait comme une sorte de marché à forfait et n'a
point de compte à rendre, à moins d'une convention
spéciale. Si donc il a réalisé des économies, elles lui profitent. C'est ce qui résulte clairement de tous les textes
de la matière, et notamment de la loi 60, § 3, *Mandati.*

De ce que le mari n'acquiert les fruits de la dot que
parce qu'il supporte les charges du mariage, il résulte
que c'est seulement du jour du mariage qu'il peut y prétendre. Car, évidemment, de ce jour seulement naissent
les *onera matrimonii.* Quant aux fruits qu'il a perçus avant
le mariage, il en est bien propriétaire, si nous supposons
que la propriété de la dot lui a déjà été transférée, mais
ces fruits se réunissent aux autres biens dotaux et forment un capital dont il doit rendre compte. (L. 7, § 1,
De jure dot.)

Puisque le mari voit son droit de jouissance s'ouvrir
du jour où le mariage a été célébré, il profite des fruits
qui, à cette époque, sont pendants par branches ou par
racines, alors même que le mariage aurait eu lieu la veille
de la récolte. Mais il doit faire raison à sa femme des frais
de labours et de semences qu'ont nécessités ces fruits. Nous
sommes en présence d'un de ces cas où l'on applique la
règle : *Fructus non intelliguntur nisi deductis impensis.*
(L. 7, pr., *Solut. matrim.*)

C'est aussi comme une conséquence de la destination
précise donnée aux fruits de la dot, que le mari cesse
d'y avoir droit dès le mariage dissous. Cessant de supporter les charges du mariage, il ne peut plus prendre les

fruits. Ici se présente une règle fort remarquable, et que le Code Napoléon a cru devoir adopter. Les fruits de chaque année devant servir à subvenir aux charges de l'année, l'équité exigeait que ceux de l'année qui voit finir le mariage fussent partagés entre le mari et la femme, de manière que le mari obtînt une fraction correspondante à la partie de l'année pendant laquelle il a supporté les charges du ménage, et que le surplus revînt à la femme. C'est là une règle que les jurisconsultes romains, guidés par leur logique habituelle, ont consacrée de bonne heure. (L. 7, *Solut. matrim.*) On fait donc une masse de tous les fruits quelconques de l'année, passés, présents et futurs, et on partage cette masse entre les deux époux, en proportion du temps que le mariage a duré dans le cours de cette année. Ainsi, les fruits naturels sont assimilés aux fruits civils, et on peut dire qu'ils s'acquièrent jour par jour. C'est là une notable différence avec ce que nous avons vu se produire au cas d'usufruit; mais cette différence s'explique facilement, si on considère que les fruits de la chose grevée d'usufruit ne correspondent à aucune charge extrinsèque avec laquelle il faille les faire concorder.

En outre, comme il n'y a, en fin de compte, que le revenu net de la dot qui puisse subvenir aux charges du mariage, ce n'est que ce revenu qui doit se partager. Aussi le mari peut-il, avant le partage, prélever sur le revenu brut une valeur égale au montant des avances qu'il a faites pour frais de labours. (L. 7, *pr.*, *Solut. matrim.*) Autrement il serait en perte, et, par suite, sa femme s'enrichirait à ses dépens. Nouvelle différence entre le mari et l'usufruitier, celui-ci n'ayant aucune déduction à exercer sur les fruits qu'il laisse en sortant.

A partir de quel moment se calcule la dernière année?

Aucune difficulté, si le fonds dotal a été livré au mari le jour même du mariage. Supposons en effet un mariage qui a duré dix ans et trois mois; le mariage a été contracté le 1er juillet, le même jour la tradition du fonds dotal a été opérée; le mariage s'est dissous le 1er octobre. Le mari doit rendre les trois quarts de la dernière récolte. Mais si le mariage et la tradition n'ont pas eu lieu le même jour, Ulpien, dans la loi 5, *Solut. matrim.*, nous dit qu'il faut s'attacher au jour de la tradition. Ainsi, dans notre espèce, le mariage ayant été contracté le 1er juillet et le fonds dotal n'ayant été livré que le 1er août, le mari doit rendre à la femme non pas seulement les trois quarts de la dernière récolte, mais les cinq sixièmes.

Comment s'applique la règle que nous venons d'exposer, lorsqu'il s'agit de fruits qui ne se récoltent pas tous les ans, tels que les coupes de bois taillis? Les textes ne se prononcent pas sur ce point. Nous croyons qu'il faut suivre le principe formulé par Godefroy en ces termes : *Si in multis annis semel tantum fructus percipitur, plures anni unius tantum vicem repraesentabunt.* Supposons donc qu'il s'agisse d'une coupe de bois qui se fait tous les dix ans et que le mariage ait duré quinze ans, pendant lesquels une seule coupe de bois ait eu lieu la dixième année. Le mariage étant dissous cinq ans après, et la deuxième coupe ne devant se faire que cinq ans plus tard, nous dirons que le mari aura droit à la moitié de cette coupe.

Telle est la manière dont s'exerce le droit du mari sur les fruits des biens dotaux. Mais outre ces biens dotaux, la femme peut avoir des *paraphernaux*, c'est-à-dire des biens dont elle s'est réservé la propriété et la jouissance. En général les fruits de ces paraphernaux demeurent à la femme. Cependant il se peut que celle-ci abandonne à son mari le droit de les percevoir, on suppose même facilement cet abandon. Il est, en effet, raisonnable de présumer que la femme, connaissant les dépenses du ménage et les sacrifices du mari, et comprenant la nécessité pour elle d'alléger les charges de celui-ci, a désiré l'indemniser à l'aide des fruits de ses paraphernaux. (*L. ult.*, C., *De pact. conv.*) Loin de voir dans cet abandon une donation entre époux prohibée par la loi, on décide que le consentement tacite de la femme suffit, et on ne soumet même pas le mari à l'obligation de rendre compte. Si, en effet, la femme ne proteste pas, c'est qu'elle approuve l'usage que le mari fait de ces sortes de fruits. Cependant nous croyons que celle-ci pourrait réclamer les fruits des paraphernaux encore extants lors de la dissolution du mariage, puisqu'elle ne les a laissé prendre au mari qu'à charge de les employer aux dépenses du ménage.

SECTION TROISIÈME.

DU DROIT DE L'USAGER.

Nous trouvons dans l'usager un nouvel acquéreur de fruits. Il est vrai qu'à l'origine il n'en était pas ainsi. L'usager, en même temps qu'il avait droit exclusivement à tous les services de la chose, *omnem usum, plenum usum*, n'avait droit à aucun fruit. Aussi l'usage était-il appelé *nudus usus*, comme on appelait *nuda proprietas* la propriété séparée de la jouissance. (*Inst.*, *De usu et habit.*, pr. — L. 1, L. 7, *pr.*, *De usu et habit.*) C'est ainsi que l'usager d'un troupeau avait le droit de se servir du troupeau *ad stercorandum agrum suum*, mais sans pouvoir profiter ni du croît, ni de la laine, ni du lait. (L. 12, § 2, *De usu et hab.* — *Inst.*, § 4, *eod.*) C'est ainsi que l'usage établi sur un fonds se réduisait au droit de s'y tenir et de s'y promener, *deambulandi et gestandi jus* (L. 12, § 1, *De usu et hab.*). Un simple droit d'usage n'était donc souvent pas très-avantageux; quelquefois même il était à peu près inutile. Aussi était-on arrivé peu à peu à accorder à l'usager une part dans les fruits, et cela d'autant plus facilement qu'en général l'usage était établi par testament, et que les dispositions testamentaires ont toujours été interprétées d'une manière favorable au légataire : *Neque enim tam stricte interpretendæ sunt voluntates defunctorum.* (L. 12, § 2, *De usu et habit.*)

Les anciens interprètes du droit romain paraissent n'avoir pas bien compris que ces concessions ne s'étaient établies que par une sorte de tolérance et de faveur. En effet, la plupart d'entre eux soutiennent qu'il n'y eut là qu'un effet naturel et régulier du droit d'usage lui-même, et, selon eux, c'est bien se servir de la chose que d'en tirer des profits pour son usage. Mais s'il en est ainsi, on a le droit de se demander comment cette portée du mot *uti* n'a été reconnue et admise par les jurisconsultes romains qu'après bien des hésitations, et comment Ulpien, pour justifier le droit de l'usager d'un troupeau à un peu de lait, a cru devoir invoquer la faveur due aux dispositions testamentaires.

Quoi qu'il en soit, l'usager a, dans le dernier état de la législation, le droit de prendre une partie des fruits de la chose, et cette partie se calcule sur ses besoins personnels et ceux de sa famille. Ce mot *famille* a, du reste, un sens très-large en droit romain, car il s'étend même aux hôtes et aux convives que l'usager peut recevoir à sa table. (L. 12, § 1, *De usu et hab.*) On voit par là que la quotité de fruits que l'usager peut prendre est susceptible de varier même pendant la durée de l'usage, puisque les besoins de l'usager peuvent s'accroître ou diminuer avec le nombre même des personnes dont se compose sa famille. Le juge a donc nécessairement un grand pouvoir d'appréciation (L. 22, § ult., *De usu et hab.*), lorsqu'il fixe la limite du droit dont nous nous occupons. D'autre part, il se peut que les besoins de l'usager soient tels qu'il devienne nécessaire de lui abandonner tous les fruits de la chose (L. 15, *De usu et hab.*). Dans ce cas, l'usage, absorbant tous les fruits, paraît se confondre avec l'usufruit, quoique en réalité il en diffère encore sur bien des points.

De ce que la quantité des fruits que l'usager peut réclamer est fixée à raison de ses besoins, il résulte qu'à la différence de l'usufruitier, il ne peut ni céder ni louer son droit. *Uti* est donc un fait essentiellement personnel. (L. 12, § 1, *De usu et hab.*) Et en effet, vendre le droit de prendre les produits d'un fonds et réaliser un gain, ce n'est plus *user*, c'est *jouir*. D'ailleurs, passant à une autre personne, ce droit deviendrait quelquefois plus onéreux et plus incommode au propriétaire que ne l'aurait voulu le testateur.

Quelle que soit la quantité à laquelle l'usager ait droit, c'est toujours de la même manière qu'il exerce son droit et qu'il acquiert les fruits. Les fruits ne lui appartiennent qu'autant qu'il les a perçus ou fait percevoir en son nom. Ici il y a analogie entre l'usufruitier et l'usager; en effet, celui-ci ne possède pas plus que l'usufruitier le fonds soumis à son droit, et par conséquent il est obligé de se mettre en possession des fruits par la perception pour les acquérir. Mais peut-il jouir par lui-même sans être obligé de demander au propriétaire la part à laquelle il a droit? Il nous semble qu'on doit répondre à cette question par l'affirmative, si on se réfère à la loi 11, *De usu et habit.*, et au § 1, *h. t.*, Inst.

On peut encore se demander si l'usager acquiert irrévocablement les fruits par la seule perception, et s'il n'est
pas tenu de rendre compte au propriétaire des fruits qu'il
n'a pas consommés? Quoique les fruits ne soient accordés
à l'usager qu'en proportion de ses besoins, nous pensons
qu'une fois perçus par lui, ils lui sont acquis d'une manière définitive. Si, en réalité, il y avait obligation de
restituer les fruits extants, il y aurait lieu en effet de
s'étonner que les textes fussent restés muets sur un point
aussi important et n'eussent même pas fait la moindre
allusion à la restriction mise au droit de l'usager.

CHAPITRE TROISIÈME.

DE L'ACQUISITION DES FRUITS PAR LE FERMIER, L'EMPHYTÉOTE, LE COLON.

SECTION PREMIÈRE.

DU DROIT DU FERMIER.

Après avoir posé le principe d'après lequel l'usufruitier
acquiert les fruits de la chose soumise à l'usufruit, le
§ 36, *De rer. divis.*, Inst. ajoute : *Eadem fere et de colono
dicuntur.* Il est certain, en effet, que le fermier a le droit
de prendre les fruits du fonds affermé, comme l'usufruitier
ceux du fonds donné en usufruit. Il est certain aussi que
le fermier, comme l'usufruitier, n'acquiert les fruits auxquels il peut prétendre qu'en les percevant lui-même ou
en les faisant percevoir en son nom. (L. 60, § 5, *Locat.
conduct.*) Mais, si la jouissance du fermier s'exerce de la
même manière que celle de l'usufruitier, elle est loin

d'être de même nature et de reposer sur les mêmes causes.
Et d'abord, le bail ne crée pas au profit du fermier un
de ces démembrements de la propriété qui, comme l'usufruit, appauvrissent le propriétaire en lui enlevant une
partie du *plenum dominium.* Ici le droit à la jouissance de
la chose proprement dit, le *fructus,* n'est pas séparé du
droit de propriété et reste dans la main du propriétaire.
Seulement celui-ci, au lieu d'exercer ce droit par lui-
même, préfère l'exercer par autrui. Appelé par lui, le
fermier vient cultiver le fonds, assure la production des
fruits, et, comme récompense de son travail, reçoit les
fruits qu'il parvient à créer, mais à condition de remettre
au *dominus* un prix qui représente le bénéfice *net* que
celui-ci pouvait espérer réaliser sur son fonds. En réalité,
le fermier n'est qu'un intermédiaire entre la terre et le
propriétaire, et c'est le propriétaire seul qui jouit du fonds.
C'est donc avec raison que le président Favre a dit : *Præ-
stat* (colonus) *pensionem domino, qui per eam pensionis
perceptionem, non tantum rei suæ possessionem retinere,*
SED ETIAM RE SUA IPSA FRUI INTELLIGITUR. Au contraire, dès
qu'il y a constitution d'usufruit, les divers éléments de
la propriété cessent d'être réunis dans la même main. Le
droit de jouir, en effet, a été transféré de la tête du propriétaire sur celle de l'usufruitier. Celui-ci cultive le fonds,
non pour autrui, mais pour lui-même, et afin de faire
valoir le droit dont il a été investi. Il recueille les fruits,
non pas comme récompense de son travail, mais comme
bénéfice de son droit. C'est lui seul qui jouit du fonds.
Voici une conséquence de cette première différence entre
l'usufruitier et le fermier : l'usufruitier continuerait de
jouir, alors même que le fonds viendrait à être aliéné par
le propriétaire; car celui-ci, ayant été dépossédé du
fructus, n'a pu le transférer au tiers acquéreur au détri-

ment de l'usufruitier. Au contraire, le bail périrait avec l'aliénation de l'immeuble affermé; car le propriétaire a conservé, malgré l'établissement du bail, les divers éléments de son droit de propriété; il a transmis au tiers acquéreur le *plenum dominium,* et ce tiers acquéreur reste libre d'exercer ce *dominium* comme bon lui semble, sans être soumis à adopter le mode d'exploitation précédemment suivi. D'après ce que nous venons de dire, on comprend déjà que, tout en assimilant le fermier à l'usufruitier en ce qui concerne les fruits, les rédacteurs du § 36, *De rer. divis., Inst.* aient cru devoir employer une formule restrictive : *Eadem* FERE *et de colono dicuntur.* Mais ce n'est pas tout. Il reste entre l'usufruit et le bail deux autres différences essentielles, qui se traduisent, elles aussi, en conséquences pratiques. D'une part, l'usufruit est une *servitude* qui affecte la chose elle-même et qui ne soumet le propriétaire qu'à une seule obligation, obligation du reste purement *négative*, celle de ne pas nuire aux droits de l'usufruitier, de s'abstenir de tout acte qui pourrait porter atteinte à sa jouissance. (L. 15, § 6, *De usuf.*) : *Servitutum non ea natura est, ut aliquid faciat quis,... sed ut aliquid patiatur aut non faciat,* dit la loi 15, § 1, *De servitutibus.* Le bail, au contraire, ne donne aucun droit sur la chose elle-même, mais soumet le propriétaire à une série d'obligations *positives* qui résultent des diverses clauses de la convention. D'autre part, l'usufruit est une servitude *personnelle*, c'est-à-dire qu'il est réputé constitué pour l'utilité individuelle d'une personne déterminée, et c'est pour cela qu'il est essentiellement temporaire et viager; tandis que le bail, intéressant aussi bien le propriétaire qui veut assurer la bonne exploitation de son fonds que le fermier qui cherche à utiliser son industrie, doit être maintenu jus-

6

qu'au terme convenu; les obligations qui en résultent
survivent donc aux parties contractantes et passent à leurs
héritiers.

Ainsi la jouissance du fermier et celle de l'usufruitier
présentent des caractères essentiellement différents. Nous
avons déjà signalé quelques-unes des conséquences de
cette différence de caractères; nous allons voir les autres
se produire en examinant comment et à quelles conditions le fermier exerce son droit sur les fruits.

Le bail, d'après l'idée que nous en avons déjà donnée,
n'est qu'un moyen, pour celui qui a un droit de jouissance
proprement dit, de mettre ce droit en rapport en recou-
rant à l'industrie d'un tiers. Celui-ci cultive le fonds et
par ses soins et ses travaux prépare la venue des fruits.
Pour lui tenir lieu du salaire qui lui est nécessairement dû,
le bailleur s'engage, vis-à-vis de lui, à le faire jouir du
fonds, c'est-à-dire à lui en abandonner tous les fruits,
quelque considérables qu'ils puissent être, moyennant
une redevance déterminée une fois pour toutes lors du
contrat. C'est ainsi que le fermier bénéficie des fruits produits par le fonds d'autrui; c'est ainsi qu'il vient se ranger
parmi les acquéreurs de fruits dont nous cherchons à
préciser les droits.

Quant à la manière dont s'exerce ce nouveau droit aux
fruits, il faut répéter, nous le savons, ce que nous avons
déjà dit en ce qui touche l'usufruitier : *Eadem fere et de
colono dicuntur.* En effet, le fermier est un simple détenteur; il ne possède *animo domini* ni le fonds ni les fruits
qui en font partie. Or c'est la possession qui conduit à la
propriété. Il n'acquiert donc les fruits auxquels il peut
prétendre qu'en en prenant possession, c'est-à-dire en
les percevant lui-même ou en les faisant percevoir en son
nom. (*Inst.*, § 36, *De rer. divis.*; *L.* 60, § 5, *Locat. conduct.*)

D'un autre côté, le fermier, en prenant les fruits du fonds affermé, jouit d'une chose qui n'est pas sienne. C'est une raison déterminante pour qu'il soit soumis aux deux obligations suivantes. En premier lieu, il doit conserver la substance de la chose ; en second lieu, il doit jouir en bon père de famille, c'est-à-dire : ne rien innover qui puisse préjudicier aux droits du propriétaire, faire les cultures en leur temps et selon l'usage, ne pas épuiser les terres pour en obtenir des produits forcés, etc... L'usufruitier, lui aussi, jouit de la chose d'autrui, et nous savons déjà qu'il est soumis à ces deux mêmes obligations. A ce point de vue, il y a donc encore analogie entre le bail et l'usufruit.

Mais presque toujours l'usufruit est constitué à *titre gratuit*. Le bail, au contraire, ne peut être concédé qu'à *titre onéreux;* car le but de ce contrat est de faire parvenir au bailleur le revenu net du fonds, déduction faite des frais de labours, de semences, etc... De là une troisième obligation pour le fermier, obligation à laquelle l'usufruitier peut ne pas être soumis : celle de payer le prix convenu, qui n'est autre chose, ainsi que nous l'avons déjà remarqué, que la représentation du produit du fonds affermé. Ce prix sera le plus souvent une somme d'argent que les parties auront fixée lors de l'établissement du bail ; il pourra aussi consister en une quotité de fruits déterminée à l'avance, auquel cas le contrat prendra le nom de *colonatus partiarius* (L. 8 et 21, C., *De locat. et conduct.*). Le payement en est garanti par une hypothèque tacite sur les fruits nés de l'immeuble (L. 7, *in quib. caus. pign.*).

Toutefois, si le fermier s'est engagé à payer un prix de fermage, c'est que, de son côté, le bailleur s'est imposé une série d'obligations qui peuvent se résumer en cette

6.

proposition : faire en sorte que le fermier puisse jouir de la chose, *præstare frui licere*. Telle est la cause de la dette que le fermier a contractée. Le bailleur ne pourra donc réclamer le fermage qu'après avoir lui-même fourni la faculté de jouir. De là une règle spéciale au contrat de louage et dont il ne pouvait être question en matière d'usufruit, puisque l'usufruit, alors même qu'il est constitué à titre onéreux, n'oblige que le fonds lui-même. Cette règle, qui n'est nullement un atermoiement introduit par l'équité, mais une conséquence naturelle et directe du bail, se formule ainsi : le fermier a le droit de demander une remise totale ou partielle du prix, si, par suite d'événements fortuits ou extraordinaires, il n'a pu jouir du fonds, et notamment si des dommages considérables ont été causés aux fruits encore sur pied. Et en effet, en pareil cas, le bailleur, n'ayant pas accompli son obligation, ne peut exiger le payement d'une créance qui a cessé d'avoir une cause.

Quant à la question de savoir ce qu'il faut entendre par événements fortuits et extraordinaires, nous pouvons y répondre à l'aide de la loi 15, § 2, *Loc. cond.* Ces événements, ce sont les accidents imprévus auxquels on ne peut résister. Ulpien cite comme exemples : les incursions désastreuses de l'ennemi, les ravages inaccoutumés des oiseaux, des sauterelles, des chenilles et des mauvaises herbes, le feu du ciel, les tremblements de terre, les brouillards, les gelées ou sécheresses excessives, les orages et les vents d'une violence inusitée, les inondations extraordinaires. Ainsi, les dommages résultant des intempéries habituelles des saisons, dommages prévus par les parties, et dérivant du chaud, du froid, de la pluie, du vent, des crues modérées des fleuves, des dévastations ordinaires des animaux ou plantes nuisibles,

ne donnent lieu à aucune réduction en faveur du fermier.
Ils ne se changent en cas fortuits qu'autant qu'ils prennent un caractère d'intensité extrême, en dehors de la
marche accoutumée de la nature.

Ulpien cite aussi comme habituel, et comme devant en
conséquence rester à la charge du fermier, un cas qui fait
peu d'honneur à la discipline des soldats romains, à savoir : les détournements et maraudages que commettent
per lasciviam les légions en marche. Mais il en est autrement des vols et brigandages à main armée; ce sont là
de véritables cas fortuits, et Labéon oblige le bailleur
d'un fonds dont les moissons auraient été enlevées par
violence, étant encore sur pied, à céder au fermier l'action *furti* qu'il avait contre les auteurs du vol (L. 6, § 6,
Loc. cond.).

Remarquons que la perte des récoltes n'autorise le fermier à demander une remise que si elle est considérable,
immodica. Gaïus dit que le fermier serait malvenu à se
plaindre d'une perte légère, lui qui profite seul des chances heureuses, si grands que soient les bénéfices qui en
résultent (L. 25, § 6, *Loc. cond.*). Mais nous n'avons pas
de texte qui nous dise d'une manière précise quand la
perte devient assez considérable pour donner lieu à l'action en réduction. Ce point est sans doute laissé à l'appréciation du juge.

D'un autre côté, l'abondance des bonnes années doit
compenser la stérilité des mauvaises. Ici encore, les jurisconsultes romains posent le principe, mais sans décider
quand les bénéfices deviennent assez considérables pour
pouvoir se compenser avec les pertes. C'est encore un
point laissé à l'appréciation du juge (L. 15, § 4, *Loc. cond.*).

Nous avons dit que le fermier n'a droit à la remise du
prix que si le dommage est arrivé aux fruits encore pen-

dants. En effet, l'obligation du bailleur est accomplie une fois que les fruits ont été séparés de la chose frugifère. Il a tout fait pour que le fermier pût jouir; et à partir de ce moment, il serait aussi injuste de lui faire supporter le risque de ces fruits qu'il le serait de faire peser sur le preneur le risque de la *merces* déjà payée par lui.

Il est bien évident aussi qu'au cas de *colonatus partiarius*, c'est-à-dire lorsque le prix du fermage est une quotité de fruits de la récolte, par exemple un tiers, le fermier ne peut réclamer une réduction ; car cette réduction s'opère d'elle-même, toutes les pertes et tous les profits étant nécessairement communs au fermier et au bailleur. Il n'en pourrait être autrement que si la portion de fruits due au propriétaire était une quantité fixe que les parties auraient déterminée à l'avance (L. 18, C., *De loc. et cond.*; L. 25, *De locat. et cond.*).

Le droit aux fruits du fermier résulte donc, d'après tout ce que nous avons dit, d'une simple créance contre le bailleur. En conséquence, toutes les causes qui, de droit commun, éteignent les créances, et notamment l'expiration du terme, l'application de la règle *cessante jure concedentis, cessat jus concessum*, etc., mettent fin à ce droit. Nous rappellerons simplement que si le fonds affermé vient à être aliéné, le fermier, à la différence de l'usufruitier, ne peut plus prétendre aux fruits eux-mêmes, quoique le bail subsiste, et qu'il a seulement une action contre le bailleur, qui l'a mis hors d'état de continuer l'exploitation commencée. Du reste, en principe, la mort du fermier ne fait pas cesser son droit, et ce droit passe à ses héritiers.

SECTION DEUXIÈME.

DU DROIT DE L'EMPHYTÉOTE.

Les municipes, les colléges de prêtres, etc., avaient des propriétés immobilières quelquefois très-considérables. Les fragments des jurisconsultes de l'époque classique nous apprennent qu'une portion de ces biens se louait par des baux ordinaires, c'était probablement la partie la mieux cultivée et la plus productive. L'autre portion, composée de terres incultes et éloignées, était concédée à perpétuité, moyennant un canon inférieur en général au prix ordinaire des fermes. En outre, pour encourager les exploitations de ce genre, on avait accordé au fermier une action, non-seulement contre la corporation qui lui avait affermé l'immeuble, mais encore contre toute personne qui le troublerait dans la jouissance de son bail. Ces immeubles portaient le nom d'*agri vectigales*, et l'action qui était accordée au fermier s'appelait *actio vectigalis*.

Plus tard, lorsque la petite propriété eut presque disparu, que les moyens ordinaires d'utiliser les propriétés rurales furent devenus de plus en plus difficiles par suite de la dépopulation des campagnes, que les *latifundia* se furent multipliés outre mesure (1), les grands propriétaires, cherchant en vain des fermiers aux conditions ordinaires, se virent obligés, pour attirer les cultivateurs, d'abandonner, eux aussi, la jouissance de leurs do-

---

(1) Sénèque fait en effet remarquer dans une de ses lettres que les rivières qui autrefois séparaient des nations ennemies traversaient maintenant les domaines d'un simple particulier, et nous savons qu'au temps de Gordien l'Afrique tout entière était entre les mains de quelques propriétaires.

maines pour un temps très-long, voire même à perpétuité, et moyennant une rente inférieure aux taux habi-
tuels des baux à ferme; ils adoptèrent ainsi un mode
d'exploitation à peu près semblable à celui qui avait
d'abord régi les *agri vectigales*, et l'*emphytéose* prit naissance. Le but de l'institution est d'ailleurs assez clairement indiqué par le mot qui servit à le désigner : *Emphytéose* vient d'un mot grec εμφυτευω, qui signifie défricher,
planter. L'emphytéose fut d'abord appliquée par les empereurs à leurs biens patrimoniaux; puis elle se généra-
lisa et s'étendit bientôt aux biens des particuliers. En
outre, le lien qui existait entre les concessions vectiga-
liennes et les tenures emphytéotiques devint de plus en
plus intime, et les expressions *ager emphyteuticarius*,
ager vectigalis, furent employées comme synonymes. (V.
Dig. ; *Si ager vectig.* vel *emphyt.*) Du reste, on pratiqua
longtemps l'emphytéose sans en déterminer avec soin
les caractères. L'empereur Zénon, le premier, en fit une
convention *sui generis*, un contrat mitoyen entre la vente
et le louage (1), et, en même temps qu'une dénomination,
lui donna des règles propres.

Les droits que l'on a reconnus à l'emphytéose sont
très-considérables. En effet, l'emphytéote a un droit réel
sur le fonds; il peut aliéner, hypothéquer, constituer des
servitudes; il peut même changer la substance de la
chose; aussi les glossateurs et leurs successeurs ont-ils
cru qu'il y avait là un véritable *dominium*. De là les noms
de *dominium utile*, de *quasi-dominium*, donnés à l'ensemble de ces droits. On avait oublié que les Romains

---

(1) *Jus emphyteuticarium*, dit la loi 1, C., *De jur. emphyt.*, *neque con-
ductionis neque alienationis esse titulis adjiciendum, sed hoc jus tertium
esse constituimus.*

opposaient avec soin l'*emphyteuta* au *dominus*, et que Zénon avait positivement refusé à l'emphytéose le caractère d'un *titulus alienationis*. Cependant, à l'égard des fruits, on pourrait dire que l'emphytéose a les mêmes droits que le propriétaire lui-même. En effet, il n'est pas, comme le fermier ordinaire et l'usufruitier, restreint dans sa jouissance par la défense d'altérer la substance de la chose; il est simplement soumis à l'obligation de ne pas détériorer le fonds. (L. 1, § 1, *Si ager vectig.*; Nov. 7, cap. 2, § 3; Nov. 120, cap. 8.) De là nous concluons que l'emphytéote peut changer à son gré les modes de culture, modifier les coupes de bois taillis, aménager les futaies, etc., exactement comme le propriétaire. Il y a plus : l'emphytéote acquiert les fruits qu'il a créés par la simple séparation d'avec le sol. Aussi la loi 25, § 1, *De usur.*, l'assimile-t-elle à cet égard au possesseur de bonne foi. Il en est ainsi sans doute parce que les Romains avaient fini par admettre que l'emphytéote serait considéré comme ayant la possession du fonds emphytéotique, car nous savons que si la simple séparation ne suffit pas pour faire acquérir les fruits à l'usufruitier et au fermier, c'est uniquement parce que ceux-ci sont réputés ne pas posséder le fonds productif.

Si, ainsi que nous venons de le voir, l'emphytéote a sur la terre qu'il exploite un droit de jouissance aussi étendu que possible, il faut reconnaître qu'il supporte des charges très-considérables; en effet, c'est sur lui que retombent toutes les charges qui pèsent sur le fonds, et non pas seulement les charges des fruits. En outre, l'emphytéote doit payer exactement la rente annuelle moyennant laquelle il exerce son droit, et cela alors même que l'année aurait été stérile, alors même que le fonds aurait péri en partie (L. 1, C., *De jur. emphyt.*). Remarquons cependant que cette rente est, la plupart du temps, très-inférieure au prix ordinaire des baux, et que le payement peut en être fait partie en denrées, partie en argent.

SECTION TROISIÈME.

DU DROIT DU COLON

A côté de l'emphytéose se place une forme d'exploitation qui lui est analogue sous bien des rapports. C'est le *colonat*, institution dont l'origine est enveloppée d'une obscurité que tous les efforts des archéologues n'ont pu jusqu'ici éclaircir. Toutefois, rappelons-nous que, sous les empereurs chrétiens, les populations agricoles, décimées par la guerre et surtout par la misère, avaient presque disparu (1). On pouvait dire alors que la terre ne trouvait plus de maître (2). Un abandon désolant et inouï de la culture en était résulté. Les campagnes se couvraient de jachères, les terres labourables se convertissaient en pâturages. L'Italie elle-même, cette terre dont Virgile avait dit :

> *Saturnia tellus*
> *Magna parens frugum* (Georg., liv. II),

ne pouvait plus nourrir le peuple romain, et il fallait, depuis longtemps déjà, faire venir des grains de l'Égypte et de l'Afrique. Ce fut sans doute pour remédier à cette effroyable plaie que l'on eut recours au colonat. Le travail libre des fermiers fut alors remplacé par le travail forcé. On riva le cultivateur à la terre, on le lia au fonds par une chaîne indissoluble; on en fit un *servus glebæ*; à ce

---

(1) *Minor in dies plebs ingenua.* (Tacite, *Annales*, liv. IV, cap. XXVII.)
(2) *Pro his fundis qui invenire dominos non potuerunt.* (L. 4, C., *De omni agro deserto.*)

point que l'on voit Justinien hésiter pour trouver la différence qui sépare les colons des esclaves (L. 2, C., *De
agric.*). Mais tandis que l'esclave est traité à peu près
comme une bête de somme destinée à l'exploitation du
sol et n'a aucun intérêt à la bonne tenue des terres, puisqu'il ne reçoit pour tout salaire, quel que soit son travail, que la nourriture et le logement, le colon a sa part
dans les produits qu'il parvient à créer; en outre, on lui
reconnaît une personnalité juridique, on respecte les
liens qui l'unissent aux membres de sa famille, on lui
assure la possession du fonds qu'il a commencé à cultiver, de sorte qu'il peut se regarder comme une espèce de
fermier perpétuel. Aussi le colonat prit-il une très-grande
extension, et ce ne fut pas seulement parmi les esclaves
et les prisonniers de guerre que se recrutèrent les colons;
ce fut surtout parmi les hommes libres, ceux-ci se soumettant volontairement à ce servage de la terre, et ai-
mant mieux être les colons du riche que d'avoir à supporter les misères plus grandes attachées à l'état de
petit propriétaire indépendant et toutes les charges
extraordinaires qui accablent les citoyens. L'esclavage
lui-même était en effet devenu préférable à la liberté.
Triste et funeste symptôme de la décadence de ces peu-
ples, parmi lesquels le titre de *civis romanus* était autrefois si respecté et si recherché.

Ce n'est guère que dans le Code Théodosien et dans le
Code de Justinien que nous trouvons des textes relatifs au
colonat, et encore ces textes ne nous disent-ils rien du droit
du colon sur les fruits et des conditions auxquelles ce droit
s'exerce. Nous croyons, du reste, qu'ici il faut simplement répéter ce que nous avons dit de l'emphytéote. En
effet, d'une part, le colon, comme l'emphytéote, exploite
des terres jusqu'alors laissées incultes; il faut donc lui

reconnaître le droit de cultiver ces terres comme bon lui semble, et à la seule condition de ne pas détériorer le fonds; d'autre part, le lien qui attache le colon à la terre, le caractère de stabilité donné à son exploitation suffisent, ce nous semble, pour le faire réputer possesseur au même titre que l'emphytéote, et dès lors pour lui faire acquérir les fruits par la simple séparation. Quoi qu'il en soit, le colon n'acquiert les fruits qu'à la condition de payer au propriétaire une redevance annuelle que les textes appellent tantôt *annuæ functiones* (L. 2, C., *In quib. caus. col.*), tantôt *reditus* (L. 28, § 1, C., *De agric.*), tantôt enfin *cano* (L. 18, C., *De agric.*). Cette redevance ne peut jamais être augmentée une fois qu'elle a été déterminée, et le payement en est fait, de droit commun, par des prestations en nature. Une constitution de Valentinien (L. 5, C., *De agric.*), désirant favoriser les colons souvent embarrassés pour convertir en argent les fruits de la chose, l'avait ainsi ordonné.

CHAPITRE QUATRIÈME.

DE L'ACQUISITION DES FRUITS PAR LE CRÉANCIER GAGISTE.

En vertu du contrat du gage, le créancier peut exiger la paisible possession de la chose engagée jusqu'à ce qu'il soit complétement désintéressé; il peut même, en cas de besoin, vendre cette chose et se payer de sa créance sur le prix. Mais là se borne rigoureusement le droit qu'il tient du contrat de gage, ce contrat n'ayant d'autre but que de lui garantir le payement de sa créance et n'étant

nullement destiné à lui fournir les moyens de réaliser un
bénéfice. Par conséquent, il faut décider qu'en principe
le créancier gagiste ne peut prétendre à aucun des fruits
de la chose engagée. Cependant on doit reconnaître que
ces fruits ne sauraient être mieux employés qu'à libérer
la chose elle-même en éteignant la dette petit à petit.
Partant de cette idée, les jurisconsultes romains ont cru
pouvoir présumer chez le débiteur l'intention de donner
mandat au créancier, non-seulement de faire pour lui la
perception qu'il ne pouvait plus faire par lui-même, puisqu'il abandonnait la possession, mais encore d'imputer
les fruits ainsi perçus, d'abord sur les intérêts de la dette,
si cette dette est productive d'intérêts, puis sur le capital .
lui-même. Nous devons donc ranger en définitive le
créancier gagiste parmi les acquéreurs de fruits. Remarquons, toutefois, combien il diffère de ceux que nous
avons rencontrés jusqu'ici. D'une part, il n'a aucune
chance de faire un véritable bénéfice, puisque tous les
fruits qu'il perçoit doivent servir à diminuer sa créance
d'une valeur précisément égale; et, d'autre part, il court
le risque de perdre; car il répond de sa faute comme tout
mandataire, et il doit, en conséquence, imputer sur la
dette même les fruits qu'il aura négligé de percevoir :
*Creditor, qui prædium pignori nexum detinuit, fructus quos
percepit aut percipere debuit, in rationem exonerandi debiti
computare necesse habet.* (L. 3, C., *De pign. act.*) Voilà
donc un acquéreur de fruits pour lequel le droit aux fruits
est plutôt nuisible qu'utile. Résultat bizarre, mais qui
s'explique par le but que les parties ont voulu atteindre
en constituant un gage.

Imputer les fruits à mesure qu'ils se perçoivent, d'abord
sur les intérêts, puis sur le capital, telle est la règle en
matière de gage ordinaire; et remarquons que cette règle

est susceptible d'être souvent appliquée; car, en droit romain, le gage proprement dit peut porter aussi bien sur des immeubles que sur des meubles. Mais les parties joignent quelquefois à leur convention un pacte d'*anti-chrèse* par lequel elles dérogent à cette règle. Voët nous donne une idée très-exacte de ce pacte en ces termes : *Præcipue probatum in pignoribus pactum antichreseos, quo id agitur, ut creditor utatur pignore vicem in usurarum, donec debitum solutum fuerit.* Ainsi, en vertu de cette convention additionnelle, le créancier jouit de l'objet engagé comme compensation de la jouissance par le débiteur de la somme prêtée et sans être obligé à imputer les fruits perçus sur le capital de la créance, alors même que ces fruits seraient plus considérables que les intérêts. Il y a donc ici une chance de gain pour le créancier gagiste dont la position se rapproche des autres acquéreurs de fruits.

Tous les commentateurs du droit romain s'accordent pour dire que l'antichrèse ne fut pas affectée par les événements qui modérèrent le taux des intérêts. Les fruits de la chose, alors même qu'ils étaient supérieurs aux intérêts de la créance, n'en étaient pas moins perçus en totalité par le prêteur. Et en effet, les revenus des immeubles ont quelque chose d'aléatoire; quelquefois ils sont nuls et de très-minime valeur, et la chance des mauvaises années doit compenser la chance des bonnes. « *Obtentu majoris emolumenti, propter incertum fructuum eventum, rescindi placita non possunt,* » dit en termes exprès la loi 17, C., *De usuris.*

Toutefois, s'il était certain que les fruits fussent de beaucoup supérieurs aux intérêts légitimes, si l'incertitude dont parle la loi que nous venons de citer disparaissait, nous pensons que le pacte serait considéré comme usuraire, et que le créancier devrait tenir compte au débiteur d'une partie des fruits.

Notons, en terminant sur ce point, que Justinien, prenant en considération l'état des agriculteurs dans les provinces de Thrace, défendit aux créanciers de faire des contrats d'antichrèse avec eux (Novelle 32).

DROIT FRANÇAIS.

GÉNÉRALITÉS.

Après avoir commenté les Institutes et le Code, nous nous trouvons en présence du Code Napoléon. Mais si jamais on a pu considérer le droit romain comme un guide assuré dans l'étude du Code Napoléon, c'est surtout en cette matière. Les principes par lesquels les jurisconsultes romains ont réglé l'acquisition des fruits par les divers ayants droit, nous allons en effet les retrouver ici. Le législateur de 1803 les a reproduits, se contentant de les dégager de toutes les subtilités qui en gênaient autrefois l'application. Aussi pouvons-nous dire que s'il nous reste encore bien des difficultés à résoudre, la plus grande partie de notre tâche est déjà à peu près remplie.

Et d'abord, nous n'avons pas à énumérer les divers produits que le droit français a rangés dans la catégorie des fruits. Il nous suffit de renvoyer à ce que nous avons dit sur ce point en droit romain. Nous nous contenterons de faire observer qu'aujourd'hui les pierres et les marbres qu'on extrait des carrières ne sont plus considérés comme étant par eux-mêmes des fruits, et qu'à cet égard, on ne distingue plus, comme autrefois, entre les carrières peu abondantes et celles dont le revenu est si considérable qu'elles paraissent inépuisables (art. 598). Toutefois, ces produits rentrent dans la classe des fruits si les carrières

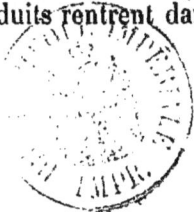

7

ont été mises en exploitation par le propriétaire; car, en droit français comme en droit romain, les produits sont ou ne sont pas des fruits, suivant qu'ils sont ou ne sont pas destinés à une perception *ordinaire* et *successive* (art. 591 et 598).

L'ancienne distinction des fruits en fruits *industriels* et fruits *naturels* a été conservée par le Code (art. 547). Et cependant cette distinction devient de moins en moins rationnelle. « Il suffit, en effet, d'avoir assisté à ces
» grandes expositions, qui sont les fêtes splendides de
» l'agriculture et de l'industrie, pour voir et admirer l'in-
» fluence que le fait de l'homme exerce sur la produc-
» tion, tellement qu'il n'existe presque plus de produits
» qui soient *naturels* dans le sens que la loi attache à ce
» mot. Peut-on, par exemple, considérer comme fruits
» naturels le produit et le croît des animaux qui, en
» France comme en Angleterre, sont en quelque sorte la
» création de l'art des éleveurs? La vulgarisation et les
» progrès des sciences que l'on appelle l'agriculture,
» l'arboriculture, la pisciculture, etc., ne nous montrent-
» ils pas que la nature désormais ne produit plus que de
» compte à demi avec l'homme, et qu'en réalité la classe
» des fruits naturels ne peut plus comprendre que des
» produits de moins en moins importants, tels que le fruit
» sauvage qui pend à la haie du chemin, les glands des
» chênes ou autres produits analogues dont l'abondance
» dans un pays est même, chose bien remarquable, en
» raison inverse du degré de civilisation et de culture
» auquel ce pays est arrivé. » (Dalloz, *Répert.*, v° *Pro-priété*.) Il est du reste certain que cette distinction, si peu satisfaisante au point de vue économique, n'a acquis dans notre droit aucune espèce d'utilité. Cependant dans notre ancienne jurisprudence elle avait son importance; car,

d'après certaines coutumes, les fruits industriels deve-
naient meubles aussitôt qu'ils .taient parvenus à un certain degré de maturité, tandis que les fruits naturels
demeuraient immeubles jusqu'à ce qu'ils fussent coupés.
(Pothier, *Des personnes et des choses*, n° 241.)

La distinction que nous avons établie en droit romain
entre les fruits *pendants* et les fruits *séparés* n'a pas été
consacrée par les rédacteurs du Code en termes formels.
Ils ont suivi en cela l'exemple des jurisconsultes romains.
Cependant cette distinction est féconde en résultats pratiques. Ainsi les fruits pendants sont *immeubles par leur
nature* comme faisant partie du fonds dont ils n'ont point
été détachés, tandis que les fruits séparés sont meubles
lors même qu'ils sont encore gisants sur place (1)
(art. 520, 521). C'est là une règle absolue et sans exception. Il y a, à la vérité, cette différence que les produits
que l'on extrait de la terre (houille, pierres, métaux, etc.),
ont toujours été immeubles dans leur nature primitive,
tandis que les arbres, grains, légumes, etc., ne le sont
devenus qu'après avoir été meubles d'abord et en changeant de nature par leur inhérence au sol; mais tant que
cette inhérence existe, soit qu'elle ait commencé à tel
moment par le travail de l'homme ou par l'effet du hasard,
soit qu'elle ait toujours existé, les choses sont immeubles
comme et avec la terre à laquelle elles tiennent.

De là il résulte : 1° que si un fonds est vendu, échangé

---

(1) D'après certaines coutumes, les fruits étaient réputés *meubles* dès
qu'ils paraissaient assez formés et avant l'époque de la coupe. Ainsi,
l'article 141 de la coutume d'Artois portait : *Bledz verdz et autres ad-
vestures jusques à mi-may sont réputez héritaiges; et après sont réputés
catheux.* Réputés *catheux,* c'est-à-dire regardés comme déjà coupés,
tombés, et dès lors meubles. Les articles 520 et 521 sont rédigés surtout
pour prévenir le doute qui aurait pu s'élever en présence de cette ancienne jurisprudence.

7.

ou donné, les fruits qui s'y trouvent pendants par racines et qui n'ont point été réservés par la vente, l'échange ou la donation, appartiennent à l'acquéreur ou au donataire comme faisant partie de l'héritage dont le domaine lui a été transféré (art. 1614, 1615);

2° Que, dans le cas de la revendication d'un fonds, les récoltes pendantes par les racines se trouvent également comprises dans l'action en revendication exercée par le maître;

3° Que les fruits pendants par racines sont, durant cet état de choses, frappés de l'hypothèque du créancier au profit duquel le fonds a été hypothéqué (art. 2118-1°), et qu'en cas d'expropriation forcée ils se trouvent enveloppés dans la saisie (art. 2204), etc.

Cependant il faut observer que si les fruits sont censés faire partie du sol tant qu'ils sont pendants, néanmoins ils ne sont pas comparables à toute autre portion du fonds, parce qu'ils ne naissent que pour être détachés lors de la récolte; s'ils sont immeubles, ils ne le sont que transitoirement, parce qu'ils sont destinés à être mobilisés dès l'instant où ils auront acquis leur maturité.

Ainsi, en les envisageant dans la fin pour laquelle la nature les a produits, ils sont meubles; c'est pourquoi ils n'ont la qualité d'immeubles que lorsqu'il s'agit de la disposition du fonds auquel ils se trouvent adhérents, et dont ils suivent la condition comme en étant encore les accessoires naturels. Mais dans les dispositions de l'homme ou de la loi qui ont seulement les fruits pour objet direct, ils n'c... que la nature de meubles. Si donc un homme vend les récoltes pendantes, il n'aura fait qu'une vente mobilière, puisque l'acquéreur ne pourra être nanti de la chose vendue qu'après qu'elle aura été détachée du sol et mobilisée. (Loi du 22 frimaire an VII, art. 69, § 5,

n° 1 ; loi du 22 pluviôse an VII, art. 1 ; loi du 5 juin 1851,
art. 4.) C'est pour les mêmes motifs que les fruits pendants peuvent être saisis mobilièrement et par action personnelle sur le propriétaire de l'héritage, suivant les
formalités prescrites pour la *saisie-brandon* (Cod. procéd.,
liv. V, tit. ix) (1). Enfin c'est toujours pour les mêmes
motifs que les fruits pendants sur les propres des époux,
s'ils sont recueillis pendant le mariage, tombent en communauté par suite des dispositions de la loi qui associent
le mari et la femme dans leur mobilier présent et à venir
(art. 1401-2°).

CHAPITRE PREMIER.

DE L'ACQUISITION DES FRUITS PAR LE PROPRIÉTAIRE ET LE POSSESSEUR.

SECTION PREMIÈRE.

DU DROIT DU PROPRIÉTAIRE EN GÉNÉRAL.

En principe, lorsque les avantages de la propriété ne
sont pas partagés par la concession de quelques droits
particuliers plus ou moins étendus, et lorsque le fait de
la possession se trouve réuni au droit de propriété, tous
les fruits appartiennent au propriétaire de la chose frugifère. C'est ce que consacre l'article 547 en ces termes : « Les

---

(1) La *saisie-brandon* ne peut être faite que dans les six semaines qui
précèdent l'époque de la maturité des fruits. (Art. 626, C. proc.) Cette
restrictic au droit des créanciers a été édictée dans leur propre intérêt, car 'i ne fallait pas décourager le propriétaire dans un temps où les
fruits ont encore besoin de culture.

» fruits naturels ou industriels de la terre,... le croît des
» animaux, appartiennent au propriétaire par droit d'ac-
» cession. »

Nous avons déjà montré combien il est douteux que
les Romains eussent fait de l'*accession* un des modes d'acquérir la propriété. De plus, admettant pour un instant
la théorie de l'accession, nous avons cherché à démontrer
qu'il était impossible d'y rattacher l'acquisition des fruits
par le propriétaire, et nous avons soutenu que les jurisconsultes romains n'avaient vu dans cette acquisition
qu'une conséquence nécessaire de la propriété elle-même,
et spécialement du droit de jouir, qui était un des principaux attributs du *dominium*. En droit français, aucun
doute ne peut plus s'élever. D'une part, l'art. 712 range
l'accession elle-même parmi les causes d'acquisition, et,
d'autre part, les articles 546 et 547 déclarent expressément
que le propriétaire perçoit les fruits de sa chose en vertu
du droit d'accession. (V. Pothier, *Du domaine*, n° 151.)
Remarquons toutefois qu'en adoptant une théorie que
nous persistons à croire très-peu exacte, les rédacteurs
du Code ont du moins séparé deux cas qu'il était en effet
important de distinguer, le cas où le droit d'accession
s'applique *à ce qui est produit par la chose*, et le cas où
ce droit donne la propriété de *ce qui s'unit et s'incorpore
à la chose*. C'est là une distinction semblable à celle que
Doneau établissait entre la *fœtura* et l'*accessio* proprement
dite, et qui peut être regardée, jusqu'à un certain
point, comme une concession aux idées que nous avons
adoptées.

Le Code se borne à dire que le croît des animaux
appartient au propriétaire. Cependant une question pouvait s'élever : Le mâle et la femelle coopèrent également
au fait de la génération; si le père et la mère n'appar-

tiennent pas au même maître, auquel des deux propriétaires le produit doit-il rester? Mais le droit romain a
prononcé sur cette question dans le sens que la nature
des choses indiquait : le petit, dans le sein de sa mère,
appartient, comme partie intégrante et constitutive, au
propriétaire de celle-ci; comment et pourquoi ce droit
viendrait-il à cesser au moment de la naissance? C'est
donc toujours au maître de la mère qu'appartient le
petit. (Pothier, *Du domaine*, n° 152.)

Les fruits sont pour le propriétaire, quand même ce
serait un autre que lui qui aurait ensemencé et cultivé le
fonds; « car, dit Pothier (*Du domaine*, n° 151), ce n'est pas
» la culture qu'on a faite de cette terre qui fait acquérir
» les fruits qu'elle produit. » Mais, comme personne ne
doit s'enrichir aux dépens d'autrui, l'article 548 porte que
« les fruits produits par la chose n'appartiennent au pro-
» priétaire qu'à la charge de rembourser les fruits de
» labours, travaux et semences faits par des tiers »; et la
loi ne distingue pas, pour admettre ce droit à une indemnité au profit du tiers, entre le cas où celui-ci serait possesseur de mauvaise foi et celui où il serait possesseur
de bonne foi. La bonne ou la mauvaise foi du tiers qui a
fait les labours, travaux et semences, n'a rien à voir, en
effet, dans l'application de la règle d'équité d'après
laquelle il n'y a de fruits que déduction faite des frais
nécessaires pour les obtenir. Sous ce rapport, le législateur a donc sagement fait de s'écarter de la doctrine
romaine qui refusait au possesseur de mauvaise foi le
droit de réclamer le montant de ses dépenses. Du reste,
l'ancienne jurisprudence avait déjà repoussé cette distinction entre le possesseur de mauvaise foi et le possesseur
de bonne foi. (Pothier, *Du domaine*, n° 151 et 335.)

C'est par prélibation sur le prix de la récolte et par

préférence à tout autre privilége, même à celui du propriétaire, que sont payées les sommes dues pour les semences et frais de récolte *de l'année*. Qui pourrait se plaindre, puisque sans ces dépenses, à si juste titre privilégiées, les fruits eux-mêmes n'existeraient pas? (art. 2102).

Ainsi que nous venons de le voir, le droit du propriétaire sur les fruits de sa chose est général et s'exerce d'une manière extrêmement simple. Nous ne connaissons qu'un seul cas dans lequel une controverse puisse s'élever : c'est celui où un arbre, placé dans une haie mitoyenne, se trouve plus d'un côté que de l'autre. Comment, en cas pareil, procédera-t-on au partage entre les deux propriétaires voisins? Selon les uns, la répartition devrait avoir lieu en proportion des parties dans lesquelles l'arbre se trouve divisé par le point milieu de la haie; suivant les autres, elle devrait toujours se faire par moitié. C'est cette dernière opinion que nous adoptons. Sans doute, lorsqu'il n'y a pas de haie mitoyenne et, par conséquent, pas de terrain mitoyen, mais deux terrains appartenant exclusivement, l'un à vous, l'autre à moi, jusqu'à la ligne séparative, l'arbre ne nous est commun qu'en proportion de la partie du tronc qui se trouve dans le terrain de chacun; si le tiers seulement du tronc est dans mon terrain, je ne suis propriétaire que pour un tiers. Mais, quand l'arbre se trouve pour le tout dans le terrain mitoyen, le terrain, dans ce cas, comme la haie, comme le mur, s'il en existait un au lieu d'arbre et de haie, nous étant commun par moitié dans chacune de ses parties, l'arbre nous appartient par moitié à chacun, quand même le milieu du terrain ne serait pas le milieu du tronc (arg. art. 673).

Le propriétaire acquiert-il les fruits même pendant le

temps de sa dépossession? Question complexe et qui ne peut se résoudre d'une manière générale; car c'est tantôt d'une chose déterminée, tantôt d'une universalité que le propriétaire a perdu la possession. En outre, le possesseur peut être de bonne ou de mauvaise foi. Il faut donc que, comme en droit romain, nous nous placions successivement dans diverses hypothèses. C'est ce que nous allons faire dans la section suivante.

SECTION DEUXIÈME.

RAPPORTS ENTRE LE PROPRIÉTAIRE ET LE POSSESSEUR.

§ I⁰ʳ. *Possesseur d'une chose déterminée.*

I. Possesseur de mauvaise foi.

Le possesseur de mauvaise foi, en prenant possession, soit par un délit, soit par un quasi-délit, d'une chose appartenant à autrui, a contracté envers le propriétaire de cette chose l'obligation de réparer tout le préjudice qui résultera de son indue possession (art. 1382). De là, quant aux fruits, cette première conséquence, que le possesseur de mauvaise foi doit restituer au propriétaire qui revendique sa chose tous les fruits par lui perçus ou leur valeur. C'est là ce que décide en termes formels l'article 549, en se servant d'un mot plus compréhensible encore que le mot *fruits,* le mot *produits.* Cette sévérité envers le possesseur de mauvaise foi n'est que justice. Cependant elle peut entraîner sa ruine. Relativement aux fruits perçus qui ne sont pas encore consommés et qu'il doit restituer, il n'y a point sans doute de ruine à craindre; mais si les fruits ont été consommés, il est clair que le possesseur de mauvaise foi sera obligé, pour désintéresser le propriétaire, de prendre sur ses capitaux, sur le fonds même de son patrimoine, ce qui pourra être pour lui une cause de désastre.

Une autre conséquence, c'est que le possesseur de mauvaise foi doit tenir compte au propriétaire même des fruits qu'il n'a pas perçus, mais que le propriétaire aurait perçus, s'il n'en eût été empêché précisément par l'indue possession qu'un autre avait de sa chose. L'application de cette règle soulève la même question qu'en droit romain. Faut-il entendre par ces fruits *empêchés de percevoir*, comme dit la pratique, les fruits que le possesseur aurait pu lui-même percevoir, ou ceux que le demandeur aurait perçus, si la possession de la chose lui eût été restituée? Contrairement à ce que nous avons admis sur ce point en droit romain, nous croyons qu'il ne faut plus aujourd'hui se préoccuper de l'aptitude personnelle dont serait pourvu le propriétaire. Tout doit se réduire à une question de faute; c'est-à-dire que, faisant ici l'application des principes admis en matière de responsabilité, le juge aura seulement à se demander si le possesseur, qui n'a pas perçu tous les fruits qu'aurait pu produire la chose, a agi ou non comme un homme attentif et soigneux en général. Ainsi, selon nous, c'est dans la limite des fruits qu'aurait perçus un bon administrateur que doit être mesurée l'obligation du possesseur de mauvaise foi, quant aux fruits négligés. Cette doctrine nous est imposée par l'article 1137, qui astreint tout débiteur (et le possesseur de mauvaise foi est ici débiteur des fruits négligés) à agir en général, dans ses rapports avec le créancier et relativement à l'objet de son obligation, comme un bon père de famille.

Notons ici une singularité de la coutume de Normandie. Aux termes de l'article 62 de cette coutume, le possesseur de mauvaise foi n'était pas soumis à l'obligation de restituer les fruits, à moins qu'il ne fût question d'une possession usurpée par la force ou d'une possession fondée sur un contrat nul ou frauduleux.

Même sous l'empire du Code Napoléon, il ne saurait y avoir lieu à aucune obligation de restitution de fruits de la part du possesseur de mauvaise foi, lorsqu'il est devenu lui-même propriétaire par l'accomplissement de la prescription trentenaire; car, d'une part, par suite de l'effet rétroactif de la prescription accomplie, il est réputé avoir perçu les fruits comme propriétaire, du jour où la possession a commencé; et, d'autre part, l'ancien propriétaire ne pouvant plus actuellement revendiquer la chose, l'on ne se trouve plus dans les termes de l'article 549, qui astreint le possesseur à l'obligation de restituer les fruits avec la chose au propriétaire *qui la revendique.* Du reste, il est logique que l'ancien propriétaire, du moment qu'il cesse de pouvoir revendiquer la chose, ne puisse plus réclamer les fruits, qui n'en sont que les accessoires.

Si le possesseur est tenu, en règle générale, de restituer les fruits qu'il a perçus ou qu'il eût pu percevoir, le propriétaire, de son côté, ne doit pas s'enrichir à ses dépens. Ainsi, en premier lieu, il n'est point douteux que le maître ne doive rembourser, même au possesseur de mauvaise foi, les impenses que ce dernier a faites pour préparer la venue des fruits dont la restitution s'opère (art. 548). Notre loi, à la différence du droit romain, n'admet pas les représailles d'iniquités. En second lieu, il faut admettre que si l'article 548 n'a parlé que des *frais de labours, travaux et semences,* c'est qu'il n'a raisonné qu'en présence d'une seule hypothèse, celle de la revendication d'un fonds de terre sur lequel les fruits seraient encore pendants. Mais la règle d'équité que peut invoquer le possesseur de mauvaise foi n'est exprimée dans

cet article qu'en termes énonciatifs et nullement limita-
tifs; on doit lui donner, suivant les cas, toute l'étendue
d'application dont elle est susceptible, et tenir la main à
ce que le propriétaire ne puisse, sous aucun rapport, à
l'occasion de la restitution qui lui est faite, s'enrichir injustement au détriment du possesseur de mauvaise foi.
Ainsi le possesseur de mauvaise foi pourra se faire indemniser des dépenses de toute nature qui auront été
nécessaires pour la réalisation de la valeur des fruits
sujets à restitution, comme frais de transport et d'octroi;
il pourra réclamer les dépenses faites pour réparations
d'entretien au fonds revendiqué, de même que les frais
de nourriture de l'animal ou du troupeau, etc.

Nous pensons qu'il faut même aller jusqu'à déduire,
sur le montant de la répétition exercée contre le possesseur de mauvaise foi, les impôts qu'il aura payés pour
le fonds. La question, il est vrai, est controversée. Cependant, puisque le possesseur de mauvaise foi n'a pas fait
les fruits siens, et que le Code a rejeté la maxime du
droit romain qui faisait considérer le possesseur comme
ayant volontairement abandonné les objets qu'il avait
placés sur le fonds d'autrui ou les dépenses qu'il y avait
faites, il nous semble qu'il peut se faire tenir compte de
ces impôts, que l'article 608 range d'ailleurs en termes
exprès parmi les charges des fruits.

C'est aux tribunaux civils qu'il appartient de statuer
sur les demandes en restitution de fruits et sur la manière
dont ces restitutions doivent être opérées alors que les
parties ne sont pas d'accord. Ajoutons que, d'après l'article 129 du Code de procédure, la restitution a lieu en
nature pour les fruits de la dernière année, s'ils existent
encore, et, pour les années suivantes, suivant les mercuriales du marché le plus voisin, eu égard aux saisons

et aux prix communs de l'année, sinon à dire d'experts, à défaut de mercuriales. Si la restitution en nature pour la dernière année est impossible, elle se fait comme pour les années précédentes; et il faut en dire autant des fruits qui n'auraient pas été perçus, mais qui auraient dû l'être.

Remarquons enfin que les fruits *pendants* sont nécessairement compris dans la revendication de la chose frugifère, sans qu'il soit besoin de prendre à cet égard des conclusions spéciales. En effet, par la revendication, le maître réclame sa chose tout entière et telle qu'elle est; or les fruits n'étant pas séparés du sol en constituent manifestement une partie intégrante.

Une dernière question sur cette matière est celle de savoir si la prescription établie par l'article 2277 est applicable aux restitutions de fruits dus par le possesseur de mauvaise foi. Nous ne le pensons pas. Les restitutions de fruits à la charge du possesseur ne sont point payables *par années ni à des termes périodiques plus ou moins courts.* On ne saurait donc invoquer le texte de l'article 2277 en faveur de l'opinion contraire. En outre, le possesseur de mauvaise foi possède indûment, par un délit ou un quasi-délit, la chose d'autrui, et il la possède le plus souvent à l'insu du véritable propriétaire, au préjudice duquel il perçoit les fruits. Sa position est donc loin d'être favorable et ne nous semble en aucune façon réunir les conditions nécessaires à la prescription.

II. Possesseur de bonne foi.

Le principe que les fruits d'une chose appartiennent au propriétaire même pendant le temps de sa dépossession reçoit exception lorsque la chose est possédée de bonne foi par un tiers. Cette exception est formellement consacrée par l'article 549, en c termes : « Le simple possesseur ne fait les fruits siens que dans le cas où il possède de bonne foi. »

« On ne saurait, dit M. Hennequin (*Traité de législ. et » de jurisprud.*, tome Ier, p. 220), entourer le travail de » trop de sécurité. Il ne faut pas que l'homme laborieux, » qui a calculé ses dépenses sur des revenus dont il ne se » croyait comptable envers personne, puisse être à l'im- » proviste obligé de reproduire un passé dont les éléments » ne sont plus en son pouvoir. L'industrie, la conviction » sincère, ne peuvent être sacrifiées à ce point aux inté- » rêts d'un propriétaire coupable de son silence ou, si » l'on veut, de son malheur, mais qui n'a pas le droit de » rejeter sur un autre la fatalité de sa destinée. La » croyance du possesseur de bonne foi devient son titre, » et ce qu'il a pu raisonnablement prendre pour la vérité » doit lui en tenir lieu. » Ajoutons que la perte qu'on impose ainsi au véritable propriétaire est en définitive peu importante, puisque, s'il avait eu les fruits à sa dis- position, il les aurait sans doute dépensés lui-même *lau- tius vivendo*.

On peut encore se demander si l'article 549, en vertu duquel le possesseur de bonne foi acquiert les fruits, est une règle spéciale ou s'il n'est qu'une simple application de la règle contenue dans l'article 2279 : « En fait de meubles, la possession vaut titre. » Nous croyons, sur ce point, que l'acquisition des fruits dont il s'agit a pour cause, avant tout, le bienfait de la loi. En effet, l'arti- cle 2279 ne veut pas dire que le fait unique de la pos- session de bonne foi d'un meuble appartenant à autrui rend toujours et instantanément le possesseur proprié- taire. Nous pensons, avec la majorité des auteurs, qu'il est nécessaire que cette possession repose sur un titre d'acquisition relatif au meuble lui-même *déterminément*

dont le possesseur prétend être devenu propriétaire par
le seul effet de la possession. En d'autres termes, l'article 2279 ne fait, selon nous, que consacrer une sorte
de prescription qu'il a affranchie, il est vrai, de la condition de la durée du temps, mais qu'il a, par là même,
laissée soumise aux autres cond. .ns exigées pour la
prescription. S'il suffisait, en effet, qu'une personne se
trouvât, à un moment quelconque, possesseur de bonne
foi des meubles appartenant à autrui pour en devenir
immédiatement propriétaire, il en résulterait notamment
que l'héritier apparent de bonne foi deviendrait immédiatement propriétaire de tous les meubles de la succession, et que celui qui recevrait de bonne foi le payement
d'une chose mobilière qui ne lui serait pas due ne serait
pas soumis à répétition. Or, bien évidemment, ces résultats sont inadmissibles. Eh bien, lorsqu'une personne
possède de bonne foi en vertu d'un titre translatif de propriété, ce titre ne s'applique pas déterminément aux
fruits, il ne s'applique directement qu'au fonds lui-même;
dès lors, l'article 2279 ne peut être invoqué, et cette personne n'aurait pu prendre les fruits si la loi ne lui en
avait reconnu le droit par une disposition spéciale qui
forme l'article 549.

Notons toutefois que l'article 2279 a une certaine
influence sur notre matière. En effet, si le possesseur a
acquis de bonne foi un meuble *a non domino,* nous n'a-
vons pas à nous enquérir des fruits. Ces fruits lui appartiennent *jure dominii,* puisque sa possession l'a rendu
propriétaire; et, sous ce rapport, il est certain que ce
sera le plus souvent aux fruits des immeubles que les
articles 549 et 550 seront applicables.

Nous ne répondrons pas à une idée que M. Duranton a
émise et d'après laquelle l'acquisition des fruits ne serait

qu'une sorte d'*accession* à la bonne foi. M. Duranton lui-même ne croit pas à l'exactitude de cette idée, et, comme nous, il enseigne que la perception est, pour le possesseur, un mode d'acquérir principal et originaire (tome IV, n° 345).

Nous avons vu que le droit romain accordait déjà au possesseur de bonne foi le droit d'acquérir les fruits. Mais la théorie si nettement exprimée par les lois romaines n'a que tardivement pris place dans le droit français. En effet, avant le Code, c'était encore une question que de savoir si le possesseur de bonne foi n'était pas tenu de restituer au moins une partie des fruits. La cause de l'hésitation était dans la rédaction de l'ordonnance de 1539. Aux termes de l'article 94 de cette ordonnance, les fruits, en cas de revendication, devaient être adjugés au propriétaire, *non-seulement depuis la contestation en cause, mais aussi depuis le temps que le condamné avait été mis en demeure et de mauvaise foi.* S'exprimer ainsi, c'était dire, à la vérité, que jusque-là et tant qu'il n'avait pas eu connaissance du droit d'autrui, le possesseur avait profité des fruits; mais c'était le dire par voie d'argument *a contrario,* mode qui n'a jamais été considéré comme bien sûr. C'est toutefois dans ce sens que la jurisprudence avait fini par se fixer. (Pothier, *Du domaine,* n° 337 et *sq.*) Aujourd'hui, en présence de l'article 549, le doute n'est plus possible, et il est certain que le possesseur, tant que dure sa bonne foi, acquiert les fruits de la chose qu'il possède.

L'acquisition des fruits par le possesseur de bonne foi nous présente la matière la plus importante comme la plus difficile de notre thèse. Pour plus de clarté, nous diviserons ce que nous croyons devoir en dire en quatre paragraphes. Nous rechercherons successivement :

1° Quels sont les éléments constitutifs de la bonne foi;

2° A quelle époque doit exister la bonne foi de la part du possesseur;

3° Quand cesse la bonne foi;

4° Quels sont les fruits que le possesseur fait siens et de quelle manière il les acquiert.

1° Éléments constitutifs de la bonne foi.

Le législateur, après avoir posé dans l'art. 549 le principe que le possesseur de bonne foi gagne les fruits, détermine en ces termes, dans l'art. 550, les éléments de la bonne foi : « Le possesseur est de bonne foi quand » il possède comme le propriétaire, en vertu d'un titre » translatif de propriété dont il ignore les vices. » La *bonne foi* et le *juste titre*, telles semblent être les conditions exigées pour l'acquisition des fruits par le possesseur de la chose d'autrui. Or, si l'on rapproche cet art. 550 de l'art. 2265, on voit que, pour la prescription de dix à vingt ans, le législateur exige aussi la bonne foi et le juste titre. Mais ce n'est pas à dire qu'il y ait identité complète entre les règles qui président à l'acquisition des fruits et celles qui régissent l'acquisition de la propriété par l'effet d'une longue possession. Sans empiéter ici sur ce que nous dirons plus tard, remarquons de suite que certaines solutions peuvent s'appliquer à l'une des matières auxquelles nous faisons allusion, sans s'appliquer nécessairement à l'autre; et l'on ne s'engage nullement, en donnant telle ou telle décision sur l'art. 550, à donner la même décision sur l'art. 2265. La loi 48, *De adq. rer. dom.* au *Digeste*, avait déjà fait remarquer que l'usucapion soulevait principalement une question de droit, tandis que l'acquisition des fruits dépendait surtout d'une question de fait. Cette proposition

8

nous paraît en tous points encore exacte sous l'empire du Code. Cela posé, recherchons à quelles conditions, en ce qui concerne l'acquisition des fruits, le possesseur peut être réputé de bonne foi.

Et d'abord qu'est-ce que la *bonne foi* proprement dite? Dans un sens absolu, la bonne foi est la croyance qu'a le possesseur qu'il est en réalité devenu propriétaire. Peu importe d'où provient son erreur; dès qu'il se croit propriétaire, il est de bonne foi. Mais cette bonne foi peut être déraisonnable; elle peut résulter d'une grossière erreur; la loi alors n'en tient pas compte. Elle ne pouvait, en effet, avoir de faveur pour celui qui aurait facilement pu prévenir l'erreur dans laquelle il est tombé. La bonne foi, en cas pareil, est une faute, et jamais une faute ne peut devenir la source d'un droit. Ainsi donc la bonne foi à laquelle la faveur de la loi a été attachée est, non pas une erreur quelconque, mais une *juste* ou *légitime* erreur. C'est pourquoi Pothier l'a définie : « La juste opinion » qu'a le possesseur qu'il a acquis le domaine de la pro- » priété de la chose qu'il possède. » (*Prescription,* n° 28.)

De cette définition, il résulte que la bonne foi ne con- siste pas seulement dans l'ignorance du droit d'autrui. En réalité, ce qui la constitue, c'est l'opinion irrépré- hensible où le possesseur doit être qu'il a acquis person- nellement la propriété, de sorte que celui-là qui, d'une façon ou d'une autre, doute de son droit, ne peut se dire possesseur de bonne foi. Cette remarque était importante à faire; car elle permet de résoudre facilement certaines difficultés pratiques. Supposons, par exemple, qu'une personne ait acheté de Paul un immeuble qu'elle croyait appartenir à Pierre, Paul s'étant du reste porté fort pour Pierre et s'étant engagé à lui faire ratifier la vente (art. 1120). Jacques, le véritable propriétaire, exerce la revendication. Si cette revendication a lieu avant toute ratification émanée de Pierre, nous devons refuser au possesseur les fruits du fonds. Qu'importe, en effet, que ce fonds ait été réputé appartenir à Pierre? Le possesseur savait que le sort de la vente dépendait d'une ratification qui n'est pas intervenue. Dès lors il n'a pu se croire propriétaire, et, quoique ignorant le droit de Jacques, il n'a pas été possesseur de bonne foi.

Cependant si nous reconnaissons qu'il faut au possesseur une bonne foi complète et absolue pour gagner les fruits, nous n'exagérons pas ce principe. Ainsi la circonstance que le possesseur aurait acheté *a non domino* la chose d'autrui avec stipulation de non-garantie ou même à ses risques et périls (art. 1628 et 1629), ne nous semblerait pas suffisante pour le constituer nécessairement de mauvaise foi.

Nous avons dit que la bonne foi n'est admissible que si elle repose sur une erreur légitime. Mais quand y a-t-il *erreur légitime?* C'est là une question de fait qui doit être appréciée par les juges dans leur sagesse et leur conscience, d'après les circonstances particulières à chaque espèce et eu égard à la position relative et individuelle de chaque possesseur. Aussi les décisions judiciaires rendues par les tribunaux en ces sortes de matières échappent-elles à toute censure de la Cour de cassation, à moins, bien entendu, qu'elles n'aient admis la bonne foi en dehors des conditions positivement déterminées par la loi. Ici se présente naturellement la question de savoir si les tribunaux peuvent reconnaître l'existence de la bonne foi basée sur une *erreur de droit.*

Il nous est impossible, quant à nous, de voir dans l'erreur de droit un obstacle à l'acquisition des fruits, alors même qu'il y aurait violation d'un texte formel de

8.

la loi. Sans doute nous reconnaissons qu'en pareil cas il y aurait lieu, quant à l'appréciation des preuves alléguées par le possesseur, à se montrer plus sévère et plus exigeant. Mais nous nous refusons à faire résulter de cette maxime : *Nul n'est censé ignorer la loi*, une présomption *juris* et *de jure* absolue, inexorable. Et en effet, pour être de bonne foi, il suffit, d'après les termes mêmes de l'art. 550, « de posséder en vertu d'un titre dont on ignore les vices ». La loi ne distingue donc pas, comme les auteurs de l'opinion contraire veulent le faire, entre les vices qui résultent d'une erreur de fait et ceux qui tiennent à une erreur de droit. En second lieu, le même article 550, en déclarant que le possesseur cesse d'être de bonne foi du moment où les vices de son titre lui sont connus, paraît exiger une connaissance positive, et non pas une simple notion présumée de ces vices. Enfin la maxime : *Nul n'est censé ignorer la loi*, n'a été érigée par aucun texte légal en règle absolue; le législateur n'en a défini ni précisé les effets; rien n'empêche, par conséquent, d'en subordonner l'application à ce que commande l'équité. Quels sont d'ailleurs les résultats auxquels conduit l'opinion contraire? un exemple le fera sentir : Un maire, malgré la prohibition de l'art. 1596, s'était rendu adjudicataire d'un bien de la commune qu'il administrait. En fait, il y avait bonne foi de sa part, et bonne foi excusable, car le bien lui avait été adjugé par un notaire sur la réquisition de l'adjoint, assisté du sous-préfet de l'arrondissement. Cependant la Cour de cassation, par arrêt du 11 janvier 1843, le déclara tenu de restituer les fruits du fonds. N'y a-t-il pas là une rigueur extrême et excessive?

Une autre question de même genre est celle de savoir si le possesseur peut être considéré comme étant de bonne foi, lorsqu'il prétend avoir ignoré l'incapacité de celui avec lequel il a traité. Sur cette question, presque tous les auteurs sont d'accord pour décider qu'ici ne s'applique pas la maxime : *Qui cum alio contrahit, vel est, vel debet esse non ignarus conditionis ejus.* Cette maxime n'est vraie, ainsi que le fait observer M.. Demolombe (tome IX, n° 605), que pour l'acquisition de la propriété, qui est de *droit*, mais non pour l'acquisition des fruits, qui est de *fait*. Du moment que le possesseur a pu légitimement ignorer l'incapacité de son auteur, nous sommes tout à la fois dans le texte et dans les motifs de la loi en le déclarant de bonne foi.

Et maintenant que faut-il entendre par *titre translatif de propriété?* Ces mots désignent tout acte juridique qui, en thèse générale, est propre à donner la propriété, et qui aurait en effet transmis la propriété au possesseur, si quelque vice, ignoré de lui, n'y eût fait obstacle. En d'autres termes, le titre translatif de propriété dont parle l'art. 550 n'est autre chose que le *justa causa*, le *justus titulus* des lois romaines. Aussi tout acte juridique qui, de sa nature, est translatif de propriété, peut, d'après la loi, constituer le possesseur de bonne foi. Or la propriété des biens s'acquiert non-seulement par les contrats à titre onéreux, mais encore par donation entre-vifs, par constitution de dot, par testament, etc. (art. 711 et 712). D'où il résulte que celui qui a cru acquérir un fonds à simple titre gratuit peut faire les fruits siens comme tout autre possesseur de bonne foi.

Le partage étant, aux termes de l'art. 883, déclaratif et non attributif de propriété, on a douté qu'on pût y voir un titre translatif de propriété dans le sens de l'art. 550. Ainsi, supposons que le partage, après avoir été effectué, vienne à être rescindé pour cause de lésion de plus du quart, le cohéritier qui aura joui des biens en vertu de ce partage ne pourra pas, selon quelques auteurs, garder les fruits perçus pendant sa possession. Nous ne sommes pas de cet avis. Ces mots de l'art. 550 : *titre translatif de propriété*, ne doivent pas être pris dans un sens limitatif; d'ailleurs la fiction sur laquelle repose l'art. 883 n'a été établie que dans un but tout spécial, pour faire tomber les hypothèques ou autres droits réels qui seraient établis, pendant l'indivision, du chef de l'un des cohéritiers sur les biens héréditaires; mais, à tous les autres points de vue, le partage est resté attributif de propriété; il y a donc lieu dès lors de le considérer comme présentant les caractères d'un titre translatif de propriété, au moins en ce qui concerne l'acquisition des fruits.

Il faut que le titre soit translatif. Par conséquent, tout acte qui, par sa nature, ne serait pas translatif de propriété ne saurait faire un possesseur de bonne foi. Tel serait le cas où l'on posséderait à titre de dépôt, de mandat, de bail, etc. En effet, toute apparence plausible manque alors au possesseur pour avoir pu se croire propriétaire. Ainsi, et puisque chaque cohéritier, jusqu'au partage de la masse indivise, est censé posséder au nom de tous ses cohéritiers, à peu près comme un mandataire ou un dépositaire, nous déciderons que le cohéritier qui détiendrait l'un des immeubles compris dans la masse partageable ne pourrait gagner les fruits perçus jusqu'au partage.

Puisque le titre doit être translatif de propriété, puisque l'on oppose, relativement à l'acquisition des fruits, le droit du possesseur de la chose frugifère au droit du propriétaire, c'est donc que le titre n'a pu produire son effet ordinaire, qui est de transférer la propriété, à raison des vices dont il est entaché. Ces vices, qui mettent ainsi obstacle à la transmission de la propriété, peuvent résulter de plusieurs causes diverses. Ainsi, il peut arriver que l'auteur duquel le possesseur tient la chose n'en ait pas été propriétaire; qu'il n'ait pas eu la capacité d'aliéner; que son consentement ait été vicié; que la chose elle-même n'ait pas pu être l'objet d'une aliénation; que le titre soit nul pour défaut de forme, etc. De là bien des difficultés lorsqu'il s'agira d'appliquer l'art. 550. Nous croyons qu'on pourra les résoudre à l'aide des quelques principes que nous avons déjà exposés. Faisons remarquer cependant que l'art. 550 pose, en règle générale, que le possesseur est de bonne foi, et comme tel, fait les fruits siens, lorsqu'il ignore les vices de son titre, sans établir à cet égard aucune distinction entre les divers vices qui peuvent affecter le titre. Aussi n'admettons-nous pas, avec quelques auteurs, que le vice de forme soit un obstacle absolu à ce que le possesseur puisse être de bonne foi. Il est vrai que, d'après le texte précis de l'art. 2267, le titre nul pour vice de forme ne peut servir de base à la prescription de dix à vingt ans. Mais, ainsi que nous l'avons déjà fait observer, la matière de l'acquisition des fruits est une matière toute spéciale, qui n'est point absolument régie par les principes de la prescription. C'est avant tout aux art. 549 et 550 qu'il faut se référer, et ces articles sont loin d'être aussi exigeants que l'art. 2287.

Nous venons de dire ce qu'il faut entendre par ces expressions employées par l'art. 550 : *Bonne foi* et *titre translatif de propriété*. Nous devons maintenant entrer dans l'examen d'une question vivement controversée : Le titre est-il une condition distincte et absolue exigée cumulativement avec la bonne foi pour l'acquisition des fruits? ou bien faut-il le considérer comme un

élément et un mode de preuve de la bonne foi, celle-ci
devenant ainsi la seule condition requise? Il est important de se fixer sur cette question, afin de pouvoir régler
la fameuse hypothèse du *titre putatif*, c'est-à-dire le cas
où le titre n'a existé que dans l'opinion du possesseur,
sans avoir en lui-même aucune réalité. Quant à nous, il
nous semble que le législateur, en mettant le titre à côté
de la bonne foi dans l'art. 550, a simplement voulu
exprimer que la bonne foi devait être irréprochable. En
effet, dans la plupart des cas, l'erreur ne sera justifiable
que si elle repose sur l'existence d'un titre quoique
vicié, et tout le monde avoue que s'il s'agissait d'un
possesseur qui s'imaginerait faussement avoir acheté ce
qui ne lui aurait pas été vendu, on passerait difficilement sur l'absence du titre. Mais il est des circonstances
telles que l'erreur du possesseur s'explique très-légitime-
ment, même en l'absence d'un titre, et se justifie par
suite d'apparences parfaitement plausibles, ayant pu lui
donner lieu de penser qu'il s'était réalisé un *justus titulus*
en sa faveur. Par exemple, un mandant croit que la chose
qu'il possède a été achetée par son mandataire, suivant
l'ordre exprès qu'il lui en avait donné ; ou bien, un légataire s'est mis en possession de la chose léguée, ignorant
l'existence d'un testament qui a révoqué ce legs, etc.
Est-ce que, dans des cas semblables, les motifs d'équité
et d'intérêt public, qui ont poussé le législateur à accorder
les fruits au possesseur de bonne foi, ne militent pas avec
autant de force que s'il y avait un juste titre, mais entaché
de quelque vice? En outre, quand le titre est vicieux,
est-ce que le vice n'aboutit pas exactement au même résultat que l'absence de titre, puisque, dans l'un et l'autre
cas, il n'y a point de transmission de propriété, et qu'en
définitive le possesseur n'a aucun droit sur la chose? Dès

lors, comment admettre que le législateur qui, avant tout, voulait consacrer une règle de pure équité, ait pu se décider à séparer deux sortes de possesseurs dont la position est analogue et également favorable? D'ailleurs l'art. 138 nous fournit un puissant argument. Cet article décide expressément que l'héritier apparent fait les fruits siens. Or qu'est-ce qu'un héritier apparent, si ce n'est un possesseur qui n'a pas de titre et qui croit en avoir un? Quant à la rédaction de l'art. 550, on aurait tort d'en tirer argument contre nous, car cette rédaction est très-différente de celle de l'art. 2265, qui, il faut l'avouer, semble exiger cumulativement et la bonne foi et le juste titre, pour que la prescription de dix à vingt ans puisse s'accomplir. Tout dépend, en définitive, d'une question de fait, et le juge n'aura à rechercher qu'une seule chose, si le défendeur est excusable dans son erreur. Nous concluons donc en disant que la bonne foi est la seule condition requise par la loi pour l'acquisition des fruits.

Mais cette bonne foi a-t-elle besoin d'être prouvée? L'art. 2268 porte : « La bonne foi est *toujours* présumée, et c'est à celui qui allègue la mauvaise foi à la prouver. » Quoique cette disposition ne soit écrite que dans la section qui traite de la prescription de dix à vingt ans, c'est là évidemment une règle générale qu'il faut appliquer en ce qui concerne l'acquisition des fruits. Le bien est toujours démontré par cela seul que le mal ne l'est pas, et alléguer, incriminer, c'est contracter l'obligation de fournir la preuve. « La loi civile, du reste, a dit M. Portalis, ne scrute pas les consciences; les pensées ne sont pas de son ressort. » Cependant il faut d'abord que le possesseur établisse qu'il se trouve dans des conditions telles que sa bonne foi puisse se présumer, c'est-à-dire qu'il doit dé-

montrer qu'il possède en vertu d'un titre translatif de
propriété, ou du moins qu'il a pu croire raisonnablement
à l'existence d'un titre de cette nature. Ce point établi,
il n'a plus rien à faire, et c'est au revendiquant à prouver le fait de la mauvaise foi. Du reste, en ce qui concerne le mode de preuve à fournir à cet égard, la plus
grande latitude nous semble devoir être laissée au véritable propriétaire de l'immeuble. Il pourra invoquer
même les présomptions ou indices et la preuve testimo-
niale, alors même que l'intérêt du litige serait supérieur
à 150 francs. Comment, en effet, se serait-il procuré une
preuve par écrit de ce fait que le possesseur a connu, par
une circonstance quelconque, les vices de son titre?

Il faut cependant que la mauvaise foi du défendeur soit
bien établie pour qu'il soit obligé de restituer les fruits.
Déjà, en effet, un de nos anciens auteurs disait qu'il était
nécessaire que la mauvaise foi *fût clairement et oculaire-
ment prouvée et avérée.* Ce n'est pas par de simples con-
jectures, c'est par l'établissement de la certitude morale
à sa plus haute puissance que la présomption posée par
l'art. 2268 veut être combattue et peut être détruite.

2° A quelle époque doit exister la bonne foi de la part du possesseur?

La règle, à cet égard, est que le possesseur ne gagne
les fruits qu'autant qu'il est de bonne foi à l'époque où il
les perçoit. En effet, l'art. 549 n'accorde les fruits qu'au
possesseur de bonne foi, et, d'après l'art. 550, le possesseur cesse d'être de bonne foi du moment que les vices
de son titre lui sont connus. C'est bien dire qu'il cesse dès
ce moment d'acquérir les fruits. Sous ce rapport, il existe
une différence notable entre l'acquisition des fruits et la
prescription de la propriété même de l'immeuble au moyen

de la possession de bonne foi; car, pour cette prescription, il suffit au possesseur d'être de bonne foi au moment de l'acquisition (art. 2265 et 2269). De là cette conséquence bizarre qu'une même personne pourra être considérée comme étant de bonne foi à l'effet d'acquérir l'immeuble lui-même, et comme étant de mauvaise foi en ce qui concerne les fruits de cet immeuble.

Ici se place une question fort grave et qui depuis long-temps est l'objet de vives controverses. L'héritier pur et simple d'un possesseur de mauvaise foi acquiert-il les fruits s'il est lui-même de bonne foi? Sur cette question, nous nous rangeons parmi ceux qui adoptent l'affirmative. En effet, puisqu'il suffit que la bonne foi existe à l'époque de la perception des fruits, rien ne s'oppose, ce nous semble, à ce que l'héritier du possesseur de mauvaise foi, qui est lui-même de bonne foi, fasse les fruits siens. D'ailleurs, est-ce que les motifs d'équité qui justifient l'attribution des fruits au possesseur de bonne foi ne militent pas, dans l'hypothèse actuelle, avec toute leur autorité, en faveur de l'héritier? Il est vrai qu'en matière de prescription la possession de l'héritier est considérée comme n'étant autre chose qu'une continuation de celle du défunt, et qu'en conséquence elle est réputée avoir les mêmes caractères et les mêmes vices : *Hæredis quoque succedentis in vitium, par habenda fortuna est.* Mais ce qui est vrai pour une possession qui, se composant d'une période indivisible de 10 à 20 ans, a besoin d'accepter comme éléments les actes et les faits du défunt, ne l'est plus pour cette possession qui donne droit aux fruits : *Et magis est ut singula momenta spectemus.* D'un autre côté, on ne peut pas dire que l'héritier trouve dans la succession l'obligation de restituer les fruits qui ne se perçoivent qu'à compter de la mort de l'ancien possesseur.

L'héritier est un nouveau possesseur; chaque fait nouveau de perception que tolère le propriétaire doit être jugé d'après la bonne ou la mauvaise foi dont cet acte est accompagné. Le possesseur qui n'a pas trouvé dans l'hérédité le devoir de restituer un fruit qui n'était pas encore perçu, et qui reçoit, non pas de sa qualité d'héritier, mais du fait de sa bonne ou de sa mauvaise foi, le droit de conserver les fruits qu'il a recueillis ou l'obligation d'en rendre compte, ne succède à personne en cette partie, et on peut dire qu'il ne tient son droit ou son obligation que de lui-même.

3° Quand cesse la bonne foi?

L'art. 550 *in fine* ne laisse aucun doute sur ce point. Le possesseur est de mauvaise foi dès que les vices de son titre lui sont connus. Ainsi le jour où le possesseur s'éclaire, le jour où le droit d'autrui lui apparaît, sa bonne foi tombe, et avec elles on droit aux fruits. Il n'est donc nullement besoin pour cela qu'une demande ait été intentée par le propriétaire. Au contraire, dans notre ancienne jurisprudence, l'ordonnance de Villers-Cotterets de 1539 paraissait décider, dans son art. 94, que le possesseur ne pouvait être constitué de mauvaise foi qu'au moyen d'une demande libellée. Mais, quoique cette règle fût propre à prévenir les contestations et les procès, nos anciens auteurs les plus accrédités avaient pour tendance de la rejeter et de revenir dans la pratique aux principes du droit romain, qui sont ceux que le Code a définitivement consacrés. (Pothier, *Du domaine*, n° 342.)

Quoi qu'il en soit, il est certain qu'aujourd'hui le possesseur est constitué en mauvaise foi, de quelque manière qu'il ait connu le vice de son titre. La mauvaise foi commence à l'instant même où, par une circonstance quelconque, l'ignorance disparaît. Ainsi et à part toute connaissance antérieure, le seul fait de la sommation d'avoir à restituer le fonds met en question la bonne foi du possesseur. Si cet acte extrajudiciaire est suivi, dans un délai convenable, de la citation en justice, le droit aux fruits à partir de l'interpellation dépendra du sort du procès. Si le défendeur perd sa cause, il devra rendre compte des fruits échus pendant l'intervalle ; s'il la gagne, il sera confirmé dans sa conviction. Mais remarquons que si, après une première démonstration, ou même une citation en justice, le propriétaire prétendu rentrait dans le silence et que cet état se prolongeât longtemps, la bonne foi du possesseur pourrait s'accroître par suite de cette conduite même. Il ne faut donc pas dire d'une manière absolue que la citation du possesseur change par le seul fait de la mise en demeure; il faut dire simplement que la mise en demeure est un fait grave, qui dans l'appréciation de la conviction du possesseur doit être pris en grande considération. Toujours le même principe : La bonne foi est un fait dont les juges seuls peuvent rechercher l'existence en pesant les circonstances de chaque espèce.

Dès que le possesseur a connu les vices de son titre, il est de mauvaise foi. Par conséquent, il faut lui appliquer les règles que nous avons exposées plus haut en ce qui concerne l'obligation du possesseur de mauvaise foi relativement aux fruits.

4° Quels sont les fruits que le possesseur fait siens et de quelle manière il les acquiert.

Le possesseur de bonne foi fait siens tous les produits auxquels s'applique la qualification de fruits, sans qu'il y ait à distinguer entre les fruits *naturels* et les fruits *industriels*. Renfermé dans cette limite, le droit du possesseur se réalise presque avec autant de plénitude que le droit d'un véritable propriétaire : *Bona fides tantumdem possidenti prodest quam veritas*, disaient déjà les jurisconsultes romains. Notamment le possesseur acquiert d'une manière *irrévocable* tous les fruits qu'il perçoit, sans avoir aucun compte à rendre au propriétaire de ceux qui se trouvent encore existants lors de la demande. Le Code n'a donc pas reproduit la distinction que le droit romain faisait sur ce point entre les *fructus extantes* et les *fructus consumpti*. Déjà, du reste, notre ancienne jurisprudence s'était écartée à cet égard des lois romaines et avait, comme le Code, attribué au possesseur de bonne foi tous les fruits, sans aucune restriction ; car, de bonne heure, on a reconnu que la difficulté de distinguer les fruits encore existants des fruits consommés ne pouvait produire qu'embarras et procès.

Le possesseur de bonne foi a droit à tous les fruits, mais il n'a droit qu'aux fruits. Nous devons par cela même lui refuser tous les produits extraordinaires du fonds qu'il possède. En effet, s'il acquiert les fruits, ce n'est que par le bénéfice de la loi ; dès lors cette dévolution ne doit s'opérer à son profit que dans les limites et les conditions fixées par la loi. Or, l'art. 549, comme l'art. 138, n'accorde au possesseur de bonne foi que ce qui peut être considéré comme fruits. Mais, tout en obligeant le possesseur à restituer les produits extraordinaires recueillis par lui, nous reconnaissons qu'il peut demander à prouver qu'il n'a conservé aucun profit de ces produits, afin d'être libéré de l'obligation d'en tenir compte. Ce n'est là que l'application du principe général en vertu duquel le possesseur de bonne foi ne doit restituer le bien même qu'il possède que *quatenus locupletior factus est* (arg. art. 132).

On s'est demandé si le possesseur de bonne foi d'un usufruit fait siens les fruits eux-mêmes qu'il a perçus, ou si au contraire il ne peut garder que les intérêts qu'il a retirés de ces fruits. Nous pensons qu'il gagne les fruits eux-mêmes. La chose qu'il a possédée de bonne foi, c'est, en définitive, l'usufruit; et les fruits, n'étant que les produits naturels et périodiques de cette chose, tombent par là même sous l'application de l'art. 549, qui en attribue la propriété au possesseur de bonne foi.

Ainsi que nous l'avons déjà fait pressentir, c'est par la *perception* faite de bonne foi que le possesseur acquiert les fruits. En effet, l'art. 138 le dit formellement du possesseur de bonne foi d'une hérédité. Mais qu'est-ce qui constitue le fait de la perception? Nous savons que les jurisconsultes romains distinguaient soigneusement la *séparation* proprement dite de la *perception*. Mais il est certain que le Code a rejeté cette distinction subtile à bien des points de vue. Aujourd'hui on peut dire qu'il y a perception dès que les fruits sont séparés d'une manière quelconque de la chose frugifère. Il est inutile, du reste, de faire remarquer qu'il n'y a pas à rechercher si la récolte commencée a été ou non achevée. Il n'est nullement nécessaire, par exemple, que le possesseur de bonne foi, pour devenir propriétaire du blé, ait battu les épis afin d'en faire sortir le grain; il ne serait même pas nécessaire qu'il eût engrangé les gerbes; dès que les épis du blé sont coupés, fussent-ils encore sur le champ, ils lui appartiennent. « Si les fruits étaient cueillis avant la » demande, disait déjà Domat; quoiqu'ils n'eussent pas » encore été emportés et qu'ils fussent restés dans le » champ, ils appartiendraient au possesseur de bonne

» foi; car, les ayant cueillis et séparés du fonds, ils ont
» été à lui, et on ne peut lui en ôter la propriété ni l'em-
» pêcher d'emporter ce qui lui est acquis. »

Ainsi la perception suffit, mais elle est indispensable.
Nous n'avons point à nous prononcer sur la question de
savoir comment, de leur côté, les fruits civils seront réputés perçus; mais nous soutenons que le possesseur ne
pourrait profiter des fruits naturels qui auraient été perçus par un tiers avant qu'il fût en possession, et qui lui
auraient été remis par ce tiers en même temps que la
possession. En effet, ces fruits, il ne les a pas perçus, et
il les a reçus plutôt comme un capital que comme des
fruits.

§ II. *Possesseur à titre universel.*

I. Possesseur de mauvaise foi.

Nous n'avons rien à dire sur ce cas, si ce n'est qu'il
faut se reporter à tout ce que nous avons décidé pour le
cas où le possesseur d'une chose déterminée est de mauvaise foi.

II. Possesseur de bonne foi.

Ainsi que nous l'avons déjà vu, en droit romain, le
possesseur d'une universalité n'acquérait point les fruits
par lui perçus, quoique, par un tempérament fort
équitable, il ne fût tenu de les restituer que jusqu'à
concurrence du profit qu'il en avait retiré. Adoptant
les principes des jurisconsultes romains, notre ancienne
jurisprudence décidait également que le possesseur d'une
universalité ne pouvait faire les fruits siens, malgré sa
bonne foi. Pothier cependant (*Du domaine*, n° 339), tout en
constatant la pratique de son temps, ne pouvait s'empê-

cher de la critiquer, et l'on voit qu'il inclinait à penser
que l'héritier apparent aurait dû jouir, comme le possesseur d'un objet particulier, du privilége de faire les fruits
siens. Le Code Napoléon a-t-il admis le système proposé
par Pothier, ou s'en est-il référé, au contraire, aux lois
romaines? En d'autres termes, la maxime : *Fructus augent
hæreditatem* est-elle ou n'est-elle plus en vigueur aujour-
d'hui ? Le doute ne nous paraît même pas possible, et,
d'après nous, l'art. 549 contient une règle générale
qui doit s'appliquer à l'héritier apparent. Remarquons
d'abord que le Code n'a point admis cette fiction du droit
romain qui faisait continuer la personne du défunt par
l'hérédité elle-même jusqu'à ce qu'un héritier eût acquis
la succession ; il a, au contraire, admis l'idée inverse, en
décidant que l'héritier est saisi, même à son insu, des
droits et des biens de l'hérédité. Or il résultait de la fiction romaine que le possesseur était tenu de restituer à
l'héritier non-seulement le droit héréditaire, mais encore
tous les accroissements survenus à l'hérédité, et notamment les fruits produits par les corps héréditaires. Cette
fiction n'existant plus chez nous, on ne peut plus invoquer cette raison de décider. En second lieu, l'article 138
du Code dit expressément que le possesseur de bonne
foi d'une hérédité qu'il est tenu de restituer à un absent
de retour gagne les fruits par lui perçus, et cela sans
aucune restriction. Enfin, où serait le motif de séparer le
possesseur d'une universalité du possesseur d'un immeuble déterminé? Dans les deux cas, la possession est également favorable ; dans les deux cas, il s'agit de préserver
le possesseur contre une ruine certaine et injuste.

Nous venons de voir comment le propriétaire de la
chose frugifère peut acquérir les fruits pendant le temps

9

de sa dépossession et qui les acquiert à son défaut. Pour compléter cette partie de notre thèse, nous devrions faire ici une étude semblable pour le cas où le propriétaire est absent. Mais cette matière est délicate et ne peut être examinée utilement qu'après que l'on a recherché le sort des fruits sous les différents régimes du contrat de mariage. En outre, les principes qui régissent les fruits pendant l'absence du propriétaire s'appliquent également lorsque le droit aux fruits a été concédé à un tiers et que celui-ci est absent. Nous laisserons donc pour le moment ce point de côté, nous réservant de le traiter à la fin de notre travail, dans un chapitre spécial ; et nous passons immédiatement à une autre matière qui est encore relative au droit que le propriétaire peut avoir sur les fruits de sa chose.

SECTION TROISIÈME.

DES RAPPORTS ENTRE DEUX PROPRIÉTAIRES DONT L'UN SUCCÈDE A L'AUTRE.

Sous l'empire du Code, il y a six manières *dérivées* d'acquérir la propriété. Ce sont : 1° la *convention*, lorsqu'elle donne naissance à l'obligation de transférer la propriété d'un corps certain ; 2° la *tradition*, lorsqu'elle sert à exécuter l'obligation de transmettre la propriété d'une chose qui n'a pas été individuellement déterminée ; 3° la *succession* ; 4° la *donation testamentaire* ou *legs* ; 5° l'*accession* ; 6° la *prescription*. Nous ne nous occuperons pas des cas où la translation de la propriété résulte de l'*accession* ou de la *tradition* ; car ils n'offrent aucune difficulté. D'un autre côté, la *prescription* supposant nécessairement un possesseur, nous n'avons pas non plus à en parler, puisque nous venons de voir comment le possesseur peut acquérir les fruits. Restent les trois autres modes de trans-

lation de propriété. Nous allons les examiner séparément,
car ils nous présentent des questions intéressantes à
résoudre au point de vue de notre matière.

§ Iᵉʳ. *Convention.*

Aujourd'hui, et contrairement à ce que décidaient le
droit romain et l'ancienne jurisprudence, par la convention même, par le seul concours des volontés, s'accom-
plit, pour les immeubles comme pour les meubles, la
translation absolue et complète de la propriété, au moins
dans les rapports des parties contractantes. Il faut donc
admettre que du moment où la convention est parfaite,
l'acquéreur a droit aux fruits de la chose, puisque les
fruits suivent le maître du fonds. Par application de ce
principe, nous dirons que l'associé qui se sera soumis à
l'obligation d'apporter un fonds dans la société devra les
fruits du jour même du contrat, etc.; c'est aussi par application de ce même principe que le Code décide, dans
l'art. 1614, que tous les fruits naissent pour l'acheteur du
jour même de la vente, sans qu'il y ait à rechercher s'il
y a eu ou non mise en demeure (1), si le prix convenu a
été ou non payé. Le Code semble même avoir rejeté la
compensation que le droit romain établissait de plein
droit entre les intérêts dus par l'acheteur et les fruits de
la chose. L'art. 1614 ne distingue pas; dans tous les cas,
le vendeur doit les fruits du jour de la vente, et ce n'est
qu'après avoir exécuté son obligation et délivré la chose
qu'il peut prétendre aux intérêts du prix (art. 1652-2°).

Mais remarquons que la convention n'existe qu'autant
qu'il y a eu concours des volontés : *Conventio enim est*

---

(1) La mise en demeure a cependant une grande importance, car elle
oblige le débiteur à tenir compte désormais des *fruits négligés.*

9.

duorum in idem placitum consensus. Si donc une seule personne promettait et que son offre ne fût pas encore acceptée, il n'y aurait pas convention, et dès lors la translation de propriété n'aurait pas lieu. Or, en matière de donations entre-vifs, l'acceptation, cet élément essentiel à la formation de toute convention, n'est réputée valable que si elle est faite en forme solennelle (art. 932). Si donc une donation n'est pas acceptée en même temps que proposée, la propriété n'est transférée, et le droit aux fruits ne naît que du jour où l'acceptation est faite suivant les formes exigées par la loi. Bien plus, si nous supposons cette acceptation faite en l'absence du donateur, il faut reconnaître que celui-ci a droit de se croire encore propriétaire du bien donné, et par conséquent a le droit, comme tout possesseur de bonne foi, de garder les fruits perçus par lui, tant qu'une notification n'est pas venue lui faire connaître la circonstance qu'il ignore. En présence des termes de l'art. 932, nous admettons facilement que, seule, la notification peut constituer ce donateur de mauvaise foi, et que jusqu'à cet acte il est protégé par une présomption *juris et de jure* de bonne foi.

Nous ferons encore observer, en ce qui touche les libéralités entre-vifs, que les donations faites à des établissements publics ne peuvent être acceptées qu'avec l'autorisation du gouvernement (art. 937). De là il résulte que pendant les délais nécessaires pour obtenir l'autorisation d'accepter, les fruits sont nécessairement perdus pour les donataires de cette nature. Une loi du 18 juillet 1837, sur l'administration municipale, a voulu remédier à cet inconvénient, et elle a décidé que le maire pourrait toujours, à titre conservatoire, accepter les dons faits à la commune, en vertu de la délibération du conseil municipal, et que l'autorisation gouvernementale qui interviendrait ensuite aurait effet du jour de cette acceptation. D'un autre côté, la loi du 10 mai 1838 et la loi du 7 août 1851 ont donné des décisions analogues pour les dons faits aux départements et aux établissements charitables. Mais ces décisions, excellentes en soi, ne sont que des dispositions exceptionnelles qui ne s'appliquent qu'aux cas prévus par les lois précitées. Ainsi, il ne s'ensuit pas qu'à l'égard des autres établissements publics il y ait lieu d'abandonner la règle qui ressort de l'art. 937; ils continuent à être soumis entièrement à l'empire de cette règle pour tout ce qui concerne le mode et les effets de l'acceptation, et, par conséquent, ils n'obtiennent les fruits que du jour de l'acceptation avec l'autorisation du gouvernement.

On a jusqu'ici raisonné sur l'hypothèse d'une convention pure et simple. Il faut maintenant se demander quelle décision donner au cas où la convention a été soumise à une *condition suspensive*. Si la condition vient à se réaliser, à qui appartiendront les fruits perçus *pendente conditione?* L'obligation conditionnelle n'est pas un droit qui *existera* ou *n'existera pas* dans le futur, selon que tel événement arrivera ou non. C'est un droit qui, sous la condition prévue, *existe* ou *n'existe pas* dès à présent. La formule exacte de l'obligation conditionnelle n'est pas : « Je vous devrai si... », mais bien : « Je vous dois si... » L'accomplissement de la condition a donc nécessairement un effet rétroactif au moment même du contrat, et fait que l'obligation se trouve avoir été pure et simple. Dès lors les fruits que le débiteur aurait perçus *pendente conditione* sur l'immeuble qu'il avait promis de délivrer doivent, en principe, revenir au créancier. On a soutenu le contraire en essayant de faire considérer le débiteur sous condition suspensive comme un possesseur de bonne

foi. Mais l'art. 550 définit le possesseur de bonne foi :
« Celui qui possède comme propriétaire, en vertu d'un
» titre translatif de propriété dont il ignore les vices. »
On ne peut pas dire sans doute que le débiteur connaît
les vices de son titre, mais il sait que son droit est résoluble, qu'il peut être éventuellement dépossédé de la
chose; que, la condition prévue se réalisant, son droit
sera éteint même pour le passé. Comment dès lors lui
appliquer les art. 549 et 550 relatifs au possesseur
de bonne foi? On a voulu aussi invoquer contre notre
opinion une loi romaine, sur le sens de laquelle on s'est,
du reste, complétement mépris. Il s'agit d'une phrase de
la loi 8, *Dig., De peric. et comm. rei vendit.* Or cette
phrase, la voici : *Quod si,* PENDENTE CONDITIONE, *res tra-
dita sit, emptor non potuit eam usucapere pro emptore, et
quod pretii solutum est, repetitur, et fructus medii temporis
venditoris sunt.* Ce texte, en réalité, ne parle pas des
effets de la condition accomplie, mais seulement de ce
qui a lieu tant que la condition est en suspens. Ce qui le
prouve bien, c'est qu'on permet à l'acheteur de répéter
ce qu'il aurait payé de son prix. Aussi Cujas et Pothier
sont-ils d'accord sur le sens de cette loi. Il faut donc reconnaître qu'en principe l'accomplissement de la condition attribuera rétroactivement les fruits à l'acheteur et
par là même les intérêts du prix au vendeur. Mais il est
clair qu'il faudrait en décider autrement si, en fait, il
résultait des circonstances que l'intention commune des
parties a été différente.

§ II. *Succession.*

Nous distinguerons avec le Code entre les héritiers légitimes et les successeurs irréguliers (art. 723).

Les héritiers légitimes sont, il est vrai, soumis à la nécessité d'accepter la succession que leur défère la loi, mais dès qu'ils l'ont acceptée, ils sont réputés avoir eu, du jour même du décès, la propriété et même la possession des biens qui la composent (art. 724). Il est donc incontestable que, de ce même jour, ils ont droit aux fruits produits par ces biens, puisque en règle générale les fruits d'une chose appartiennent au propriétaire. Il n'en pourrait être autrement que si on se trouvait en présence d'un possesseur de bonne foi.

Quant aux successeurs irréguliers, ils sont, il est vrai, saisis de plein droit de la propriété dès l'ouverture de la succession, mais ils n'acquièrent la possession légale de l'hérédité qu'après s'être fait envoyer en possession par la justice. De là la question de savoir si eux aussi ont droit aux fruits à compter du jour du décès ou s'ils ne les gagnent qu'après l'envoi en possession.

Nous pensons que le droit à la jouissance des successeurs irréguliers est le même que celui des héritiers légitimes. En effet, les successeurs irréguliers sont propriétaires *a die mortis* (art. 711), et, en principe, les fruits vont au propriétaire. D'autre part, il nous semble difficile de considérer comme étant de bonne foi les héritiers légitimes qui connaissent l'existence ou la vocation des héritiers irréguliers. On nous objecte l'art. 1005, aux termes duquel le légataire universel en concours avec des héritiers réservataires, c'est-à-dire le légataire universel privé de la saisine légale, n'a droit aux fruits, à compter de l'ouverture de la succession, que s'il forme sa demande en délivrance dans l'année du décès. Mais, si les successeurs irréguliers n'ont pas la saisine légale, il y a au moins entre eux et le légataire universel cette différence que leur titre émane de la loi elle-même, tandis que celui du légataire ne réside que dans la volonté du défunt. Dès lors, on ne peut argumenter par voie d'analogie, et nous croyons qu'il est plus sûr et plus conforme aux principes de reconnaître aux successeurs irréguliers le droit aux fruits à *compter du jour même de l'ouverture* de la succession.

§ III. *Legs.*

Le Code civil distingue avec soin trois sortes de legs : le legs particulier, le legs universel, le legs à titre universel (art. 1002). Nous suivrons cette division, le droit aux fruits étant réglé différemment suivant qu'il résulte des diverses sortes de legs.

I. Legs particulier.

Après avoir posé le principe général que la propriété de la chose léguée passe de plein droit au légataire par le seul effet du décès du testateur, l'art. 1014 ajoute : « Néanmoins le légataire particulier ne pourra se mettre » en possession de la chose léguée, ni en prétendre les » fruits, qu'à compter du jour de sa demande en déli- » vrance..... ou du jour auquel cette délivrance lui aurait » été volontairement consentie. » La nécessité pour le légataire d'obtenir la délivrance se comprend facilement ; c'est un intérêt d'ordre public qui l'a commandée, afin que le légataire ne vînt pas s'emparer par voie de fait du bien légué. Mais pourquoi la loi a-t-elle dérogé ici à ce principe général d'après lequel le droit aux fruits naît du jour même où existe la propriété, et pourquoi le léga- taire ne gagne-t-il les fruits que du jour de sa demande en délivrance ? C'est parce qu'on a considéré l'héritier saisi comme un possesseur de bonne foi. En effet, cet héritier n'est pas obligé de savoir si le légataire veut ou non accepter le legs qui lui est fait. Il jouit donc de bonne foi de la chose léguée tant qu'elle n'a pas été réclamée, et dès lors il fait les fruits siens. C'est par les mêmes raisons que nous avons admis que le donateur prendrait les fruits de la chose par lui donnée jusqu'au jour où l'acceptation de la donation lui serait notifiée.

Ainsi, il est incontestable que le légataire ne peut prétendre aux fruits que du jour de la demande en délivrance ou du jour où cette délivrance lui a été volontairement consentie. Mais que décider lorsque le légataire se trouve, au jour de l'ouverture du legs, en possession de la chose léguée ; par exemple, si le testateur la lui avait prêtée ou déposée? Faudra-t-il, en pareil cas, qu'il la remette à l'héritier ou au légataire universel pour en obtenir la délivrance ? Puisque, dès le décès, le légataire a tout ensemble la propriété et la possession de l'objet, il nous paraît évident que c'est lui seul qui doit en recueillir les fruits à compter de ce moment même. D'ailleurs, si l'art. 1014 enseigne que le légataire ne peut se mettre de lui-même en possession, rien ne l'empêche de se maintenir dans une possession qu'il a déjà. Pourquoi créer un circuit d'actions onéreux et inutile ?

L'héritier à réserve, à qui le testateur aurait légué précisément la portion réservée, aurait de même droit aux fruits dès l'ouverture de la succession, sans avoir besoin de demander la délivrance. Car il est incontestable que les dispositions du testateur ne peuvent avoir pour effet de diminuer les droits que le réservataire tient de la loi. Mais la question est plus douteuse lorsque le legs porte sur la quotité disponible. Dans ce cas, l'héritier, légataire par préciput, est-il tenu, sous peine de perdre les fruits, de former une demande en délivrance entre les cohéritiers?

Quant à nous, nous dispensons l'héritier prélégataire de la demande en délivrance. En effet, il est saisi comme héritier, et il est saisi comme tel, non pas seulement de sa part dans la succession, mais de toute l'universalité, puisque les renonciations de l'un des héritiers profitent aux autres *jure non decrescendi*. Il nous semble dès lors qu'il n'a besoin d'aucun acte particulier pour acquérir d'une manière plus complète la possession de la chose léguée. Toutefois, si l'héritier renonçait à sa qualité d'héritier pour s'en tenir à celle de légataire, il est certain qu'il devrait demander la délivrance de son legs; car l'héritier qui renonce est censé n'avoir jamais été héritier.

Remarquons encore que, l'art. 1026 permettant au testateur de donner à son exécuteur testamentaire la saisine du mobilier, on doit en conclure que cet exécuteur testamentaire investi de cette saisine, et institué légataire d'une chose mobilière, n'aurait pas besoin de demander la délivrance de son legs.

La règle posée par l'art. 1014 recevrait aussi exception, si le testateur avait déclaré lui-même, expressément, qu'il entendait attribuer les fruits au légataire du jour de son décès, pourvu d'ailleurs que cette volonté fût claire et formelle (art. 1015-1°). En ce qui touche l'étendue des legs, la volonté du testateur est souveraine.

De même, l'art. 1014 ne s'appliquerait pas si le legs était de nature à indiquer chez le testateur l'intention de faire commencer la jouissance du légataire du jour même de son décès. C'est ainsi que les fruits d'un legs fait à titre d'aliments sont dus du jour même de l'ouverture de la succession (art. 1015-2°).

Enfin, si l'héritier saisi ne prend les fruits jusqu'au moment de la demande en délivrance que parce qu'il est réputé de bonne foi, il faut reconnaître que les fruits seront acquis de droit au légataire, au cas où l'héritier l'aurait frauduleusement empêché d'avoir connaissance du testament. Car le dol est exclusif de la bonne foi, et d'ailleurs, l'héritier, ayant par sa faute causé un préjudice au légataire, lui en doit réparation. Cette réparation consiste naturellement dans la restitution des fruits que celui-ci aurait recueillis, si, ayant connu, dès le décès du testateur, l'existence du testament, il avait dès cette époque formé sa demande en délivrance, et on doit présumer qu'il l'aurait formée.

Cependant, il ne faut pas exagérer la règle que nous venons de poser. Ainsi l'héritier n'est point obligé d'appeler le légataire, de le provoquer à l'exercice de ses droits. Supposons donc qu'il n'ait rien fait pour dissimuler l'existence du testament et qu'il ait simplement laissé ignorer au légataire les dispositions faites en sa faveur; en cas pareil, il n'est coupable d'aucune faute, et, par conséquent, il ne doit aucun dédommagement.

II. Du legs universel.

Le légataire universel, de même qu'un héritier *ab intestat,* acquiert la propriété de chacun des biens laissés par le défunt, la propriété absolue et exclusive lorsqu'il succède seul, la propriété indivise lorsqu'il concourt avec des héritiers réservataires. La succession testamentaire est en effet, comme la succession *ab intestat,* une manière d'acquérir la propriété des biens (art. 71). En outre, la saisine légale est accordée au légataire universel, lorsqu'il n'est pas en concours avec des héritiers réservataires (art. 1006); de sorte, qu'ayant à la fois la propriété et la possession du jour du décès, rien ne s'oppose à ce qu'il

profite des fruits à partir de la même époque. Mais, lorsqu'au décès du testateur il y a des héritiers auxquels une
quotité de ses biens est réservée par la loi, ces héritiers
sont seuls saisis de plein droit par sa mort de tous les
biens héréditaires. Le légataire est tenu de leur demander
la délivrance des biens compris dans son legs (art. 1004).
Il semblerait dès lors que le légataire aurait dû donner
ici une décision analogue à celle qu'il a donnée dans
l'art. 1014, et ne faire commencer le droit aux fruits que
du jour de la demande en délivrance. Il ne l'a pas fait ;
et le Code, tout en soumettant le légataire universel à la
demande en délivrance, lui a concédé la jouissance des
biens à compter du jour du décès. Il a seulement décidé
que, pour avoir droit à cette jouissance, le légataire devrait intenter son action en délivrance dans l'année du
décès et que, si, négligeant ses intérêts, il ne demandait
pas la délivrance dans le cours de l'année, il n'aurait
droit aux fruits que du jour où il aurait postérieurement
formé sa demande (art. 1005). A quoi tient cette différence que les rédacteurs du Code ont établie entre le
légataire particulier et le légataire universel ?

On a prétendu expliquer cette décision en disant que
la demande en délivrance est, de la part du légataire
particulier, une sorte d'action en revendication soumise
aux règles ordinaires, tandis que, de la part du légataire
universel, elle constitue une véritable pétition d'hérédité ; il fallait, a-t-on dit, appliquer au légataire la règle
fructus augent hœreditatem, et c'est ce qu'a fait le Code
en faisant naître le droit aux fruits du jour même de l'ouverture de la succession ; mais il fallait aussi tenir compte
du cas où l'héritier serait de bonne foi, et c'est ce que
le Code a fait en décidant, dans l'art. 1005, que la bonne
foi de l'héritier ne serait présumée que si la demande

avait été formée après une année. Cette explication nous
paraît tout à fait inadmissible : ainsi que nous l'avons
déjà dit à propos de l'héritier apparent, nous croyons
que, si la maxime *fructus augent hæreditatem* n'est point
absolument abrogée et qu'elle doive encore être suivie
dans certains cas, notamment dans les rapports d'un
héritier avec son cohéritier, du moins cette maxime n'a
aucun intérêt dans les rapports de l'héritier avec les tiers.
D'ailleurs, le droit aux fruits était un droit rigoureux,
résultant de ce que les fruits d'une hérédité viennent se
réunir à cette hérédité comme l'accessoire au principal,
comment ce droit s'évanouirait-il par cela seul que le
légataire ne l'aurait pas réclamé dans le cours de l'année?
Nous nous rangeons donc à l'idée d'après laquelle la
disposition consacrée par l'art. 1005 est une sorte de pri-
vilège exceptionnel accordé au légataire universel. Sans
doute on aura voulu ainsi le consoler de la privation du
titre d'héritier, titre que le droit romain lui reconnaissait
et que le Code lui a refusé. En lui enlevant les honneurs
et les qualités d'héritier, on lui en laisse les avantages
pécuniaires.

III. Légataire à titre universel.

Sur ce point, le Code Napoléon garde le silence, et ce
silence est d'autant plus étonnant qu'après l'article relatif
au légataire universel, il a réglé le droit du légataire particulier aux fruits de la chose léguée. De là naît une grave
question, celle de savoir si les fruits appartiennent au
légataire à titre universel du jour du décès ou du jour de
la demande. D'après ce que nous venons de dire sur les
motifs de la différence qui existe entre le légataire universel et le légataire particulier, on peut préjuger la solution que nous donnons à cette question. En admettant

que le légataire universel n'obtient les fruits perçus depuis
le décès que par une exception de faveur, nous avons
par là même décidé que le légataire à titre universel doit
être assimilé au simple légataire particulier. L'article 1005
renferme une exception ; cette exception n'a pas été repro-
duite pour le légataire à titre universel ; dès lors, celui-
ci n'a droit aux fruits qu'à partir de sa demande. On se
fortifie singulièrement dans cette opinion, si l'on se
reporte aux travaux préparatoires du Code. En effet, la
rédaction primitive obligeait tous les légataires, sans distinction, à demander la délivrance et ne leur accordait
les fruits qu'à partir du jour de la demande. Cela était
conforme au droit coutumier. Mais, devant le conseil
d'État, les partisans du droit romain réclamèrent en
faveur du système qui exemptait les héritiers testamentaires de l'obligation de demander la délivrance. Sur la
proposition de Cambacérès, on transigea, et il fut décidé
qu'une exception serait faite en faveur du légataire universel, lorsqu'il n'y aurait pas d'héritiers à réserve. De
là, l'art. 1005. Or, puisque cet article n'a dérogé à la
pensée primitive du projet qu'en faveur du légataire universel, comment serait-il possible d'étendre sa disposition au
légataire à titre universel dont le sort est réglé dans une section différente ? Évidemment, le légataire à titre universel
est resté sous l'influence de l'idée originaire qui avait pré-
sidé à la rédaction du Code, et qui a été consacrée en termes
exprès dans l'art. 1014. Il est vrai que, pour tout ce qui
concerne la contribution aux dettes, le légataire à titre universel est assimilé au légataire universel, mais il faut se
rappeler aussi que ce légataire est assimilé au légataire particulier pour demander la délivrance, et c'est de délivrance
qu'il s'agit surtout ici. Il ne doit pas paraître extraordinaire
qu'il subisse les conditions imposées par l'art. 1014.

SECTION QUATRIÈME.

L'ancien propriétaire de la chose frugifère en reprend la possession lorsqu'il prouve l'existence d'un vice qui rend le titre translatif de propriété nul de plein droit ou tout au moins annulable, ou lorsqu'une condition résolutoire de la translation de propriété vient à se réaliser. Ici se présente naturellement cette question importante : doit-on restituer les fruits à l'ancien propriétaire en même temps qu'on lui restitue la chose elle-même ?

Supposons d'abord que le titre translatif soit *nul de plein droit*. Pour cela il suffit que ce titre ait été fait en violation d'une prohibition de la loi, que les formes solennelles auxquelles il était soumis n'aient pas été observées, ou enfin que l'un des éléments essentiels à sa perfection ait manqué absolument. En cas pareil, il n'est pas douteux qu'en principe on doive tenir compte de tous les fruits, car le titre nul n'a aucune existence juridique; il a manqué de se former; c'est le néant, un simple fait destitué de tout effet civil. La propriété n'a donc pas cessé un seul instant de résider sur la tête de celui qui invoque la nullité. Dès lors, il peut réclamer tous les fruits, puisque, en règle générale, les fruits appartiennent au propriétaire. Mais remarquons que si un titre nul ne donne par lui-même aucun droit, la tradition faite en vertu de ce titre a du moins pour effet de conférer la possession; or nous savons que la possession de bonne foi fait gagner les fruits. Par conséquent, nous devons immédiatement apporter une grave restriction à la règle que nous venons d'énoncer. Il faut en effet décider qu'une fois mis en possession, je ne devrai compte des fruits par moi perçus que si j'ai connu le vice qui a empêché la translation de propriété de s'opérer, autrement dit, si je suis de mauvaise foi. Ainsi un fonds a été abandonné en payement d'une dette qui n'existait pas; la translation de propriété n'a pas eu lieu; car la *datio in solutum* est nulle si elle repose sur une fausse cause. Cependant il est incontestable que l'*accipiens* ne rendra les fruits que s'il a été de mauvaise foi. Le Code, il est vrai, ne l'a pas dit expressément; mais cela résulte clairement de l'art. 1378, qui ne soumet que le possesseur de mauvaise foi à l'obligation de tenir compte de la jouissance.

Le titre *annulable* est celui qui, quoique réunissant tous les éléments essentiels à son existence, est cependant entaché d'une imperfection (dol, violence, erreur, lésion, incapacité) assez grave pour en autoriser l'annulation, lorsqu'elle est demandée, mais qui *provisoirement* ne l'empêche pas de valoir. Il y a donc une grande différence entre le titre nul et le titre annulable. Mais il est certain que, l'action en rescision intentée en temps utile, lorsque le titre contre lequel elle est exercée est rescindé, les choses doivent être rétablies en l'état primitif. Il en résulte que les parties doivent se restituer réciproquement tout ce qu'elles ont reçu ou tout ce qu'elles ont perçu en vertu de l'acte, et dans cette restitution sont nécessairement compris les fruits.

Cependant si le possesseur a ignoré le vice qui devait entraîner l'annulation de la translation de propriété, il est possesseur de bonne foi, et on doit lui appliquer les art. 549 et 550, en lui laissant les fruits par lui perçus. Il ne peut y avoir aucun doute à ce sujet. Mais l'art. 729 ne contient-il pas une exception à cette règle? Aux termes de cet article, l'héritier qui voit la propriété, dont il a été investi, rescindée pour cause d'*indignité,* doit toujours restituer à ceux qui succèdent par suite de son exclusion tous les fruits qu'il a perçus depuis l'ouverture de la succession. Or, si, dans la plupart des cas, l'indigne peut être considéré comme possesseur de mauvaise foi, en est-il de même lorsque la cause de l'indignité est postérieure au décès du *de cujus,* par exemple, lorsque l'héritier, n'ayant découvert qu'un an ou deux après le décès que le *de cujus* était mort empoisonné, n'en a pas informé la justice? Nous le pensons, car il y a cette différence entre l'indigne et le possesseur de bonne foi ordinaire, c'est que celui-ci n'aurait aucun moyen de se soustraire à l'obligation de restituer les fruits s'il y était soumis, tandis que l'héritier peut éviter l'application de l'art. 729 en dénonçant le crime commis sur le défunt, c'est-à-dire en ne se rendant pas indigne.

Lorsque la translation de propriété a été valablement opérée, mais sous *condition résolutoire,* cette condition venant à s'accomplir, la translation de propriété s'évanouit; elle est réputée n'avoir jamais eu lieu (art. 2183), et ici encore les choses doivent être remises en l'état primitif. Celui dont le droit se trouve résolu est tenu notamment de restituer les fruits qu'il a perçus *pendente conditione.* Il est même impossible de le considérer comme ayant pu être de bonne foi à l'effet d'acquérir ces fruits, puisque la nature résoluble de son droit lui était parfaitement connue.

Ce que nous venons de dire s'applique, sans aucune difficulté, lorsque la condition résolutoire opère de plein droit. Mais que décider lorsqu'il s'agit d'une condition résolutoire qui, comme celle qui résulte de l'art. 1148 au cas d'inexécution des conventions, permet seulement de demander la résolution au juge? En d'autres termes,

10

faut-il attribuer à la condition résolutoire *tacite* le même effet rétroactif qu'à la condition résolutoire expresse, et la restitution des fruits doit-elle avoir lieu dans l'un et l'autre cas? Sur ce point, nous adoptons l'affirmative; car l'art. 1183, qui règle les effets de la condition résolutoire, ne fait pas de distinction, et nous ne voyons pas qu'il y ait lieu d'en faire. Ainsi, lorsqu'une donation se trouvera résolue, en vertu de l'art. 956, pour inexécution des charges qui y auront été mises, nous croyons que le donataire devra les fruits du jour même de la donation. C'est ici le cas de dire : *Sibi imputare debet.*

Nous reconnaissons donc en principe que l'accomplissement de la condition résolutoire, quelle que soit du reste la nature de cette condition, attribuera rétroactivement les fruits à celui au profit duquel la résolution aura lieu. Mais, d'une part, il est certain que les parties peuvent déroger à cette règle par des conventions particulières, et régler, comme elles l'entendront, leurs rapports quant aux fruits. D'un autre côté, il faut remarquer que la loi elle-même a, dans certains cas, restreint l'effet ordinaire de la condition résolutoire en ce qui concerne les fruits.

Ainsi l'art. 856 décide expressément que les fruits des choses sujettes à *rapport* ne sont dus qu'à compter du jour de l'ouverture de la succession. Le législateur a, en effet, supposé chez le donateur l'intention de dispenser l'héritier donataire du rapport des fruits; autrement la donation par lui faite n'aurait eu aucun sens, puisqu'elle n'aurait eu aucune utilité. Du reste, il est probable que le disposant eût lui-même consommé ces fruits, s'il les eût perçus, *lautius vivendo*. Dès lors on devait les laisser au donataire comme la récompense et l'équivalent des soins et des coûts de l'administration.

Le Code va même plus loin en ce qui concerne le donataire étranger sujet à réduction, si favorable que soit d'ailleurs le droit des héritiers légitimaires. Non-seulement l'art. 928 autorise ce donataire à conserver pour lui tous les fruits qu'il a perçus jusqu'au jour du décès, mais encore elle lui permet de jouir des fruits jusqu'au jour de la demande, si la demande en réduction n'a pas été intentée dans l'année. Cette faveur s'explique du reste facilement; car si les héritiers réservataires gardent le silence pendant plus d'un an, cette longue inaction de leur part est bien de nature à faire croire au donataire que la réserve n'a point été entamée; l'erreur dans laquelle il est à cet égard est parfaitement légitime. Or les possesseurs de bonne foi ne doivent compte que des fruits qu'ils ont perçus depuis le jour où la demande en restitution a été formée contre eux (art. 549). La même faveur ne pouvait être accordée à l'héritier donataire, car celui-ci ne peut ignorer l'obligation dont est il tenu envers la succession; il sait qu'il doit rapporter tout ce qu'il a reçu du défunt sans clause de préciput; le retard que ses cohéritiers mettent à le poursuivre n'est point de nature à lui faire croire qu'il n'est point soumis au rapport des choses qui lui ont été données; il possède donc sciemment, et, par conséquent de mauvaise foi, la chose sujette au rapport. Comme tout possesseur de mauvaise foi, il est nécessairement comptable de tous les fruits qu'il perçoit, au moins du jour du décès.

Nous trouvons encore une dérogation au principe que nous avons formulé dans l'art. 962. D'après cet article, bien que la donation soit révoquée de plein droit par suite de la survenance d'enfant, le donataire conserve les fruits jusqu'au jour où la notification de la naissance de l'enfant lui a été faite. La raison en est que, jusqu'au moment où il connaît la naissance de l'enfant, le donataire peut être considéré comme un possesseur de bonne foi. Il faut même décider, en présence des termes de l'art. 962, que la notification est le seul moyen légal de le constituer de mauvaise foi, et que la preuve de la connaissance de l'événement n'y pourrait suppléer. Nous sommes donc ici en présence d'une présomption *juris et de jure* de bonne foi.

Quant à la disposition de l'art. 958-2°, elle ne doit pas nous étonner; l'action en révocation d'une donation pour cause d'ingratitude ne peut être considérée comme provenant d'une condition implicite de la donation. Il est clair, en effet, que le donateur n'a pas prévu en donnant l'ingratitude possible du donataire. De là vient que le fait qui anéantit la donation, étant postérieur à la donation et imprévu, la révocation pour cause d'ingratitude ne peut produire d'effets que du jour où elle est demandée. Dès lors, jusqu'au jour de la demande, le donataire a été propriétaire incommutable; il a fait les fruits siens d'une manière irrévocable.

Nous venons de parcourir les divers cas dans lesquels le Code a formellement dispensé l'acquéreur sous condition résolutoire de l'obligation de restituer les fruits par lui perçus *pendente conditione*. Nous devons ajouter qu'il est d'autres cas dans lesquels il faut nécessairement refuser à la condition résolutoire un effet rétroactif quant aux fruits. Nous en signalerons deux :

Le premier est celui où *une substitution* autorisée par la loi vient à s'ouvrir. Sans doute, la condition à laquelle était subordonné le droit du grevé venant à se réaliser, celui-ci est considéré comme n'ayant jamais eu la propriété des biens compris dans la disposition, tandis que l'appelé, qui en est maintenant investi, est réputé les tenir du disposant lui-même. Mais il est clair qu'à moins

d'aller contre la volonté évidente du testateur, on ne peut
reprendre au grevé les fruits qu'il a perçus jusqu'à l'ouverture de la substitution. Nous croyons même qu'il a
droit aux fruits jusqu'à la demande en délivrance, et
nous appliquerions ici les art. 1005 et 1014; car,
d'une part, nous ne voyons guère de différence entre
le legs ordinaire et la substitution, et, d'autre part,
l'art. 14 de l'ordonnance de 1747 était dans le sens que
nous indiquons.

Le second cas dont nous voulons parler est celui de la
vente à réméré. Bien que, par l'effet du retrait exercé,
l'acquéreur soit réputé n'avoir jamais été propriétaire, il
n'est point cependant obligé, en principe, de rendre les
fruits qu'il a perçus dans l'intervalle de la vente au ra-
chat. On a toujours été d'accord sur ce point. (L. 2, C., *De
pact. inter empt.;* Pothier, *Vente, n°* 405.) La raison en est
qu'entre les parties il y a eu convention tacite que les
fruits se compenseraient avec les intérêts du prix reçu
par le vendeur, et qu'ils n'auraient rien l'un et l'autre à
restituer de ce chef. Mais une grave controverse s'est
élevée, d'une part, à l'égard des fruits qui étaient pendants par racines au moment de la vente à réméré, et,
d'autre part, à l'égard de ceux qui sont pendants par
racines au moment où le réméré est exercé. Les auteurs
ont toujours été et sont encore en divergence sur cette
question. Pothier (*Vente,* n° 408) enseigne que l'acheteur
doit restituer, en subissant une réduction sur le prix
qu'on lui rembourse, tous les fruits qui étaient pendants
lors de la vente, parce que leur valeur a dû être prise en
considération pour la fixation de ce prix; d'autres auteurs, au contraire, veulent qu'il ne rende jamais aucune
partie de ces fruits, si courte qu'ait pu être sa jouissance,
et alors même, par exemple, qu'il aurait recueilli en

deux mois les fruits de toute une année. Même divergence pour les fruits pendants au moment du retrait : les uns les attribuent exclusivement au vendeur sans aucun dédommagement pour l'acheteur (M. Bugnet, sur Pothier, t. III, p. 171, note 1); d'autres, parmi lesquels Pothier, accordent à l'acheteur une indemnité pour ses frais de culture; d'autres, enfin, veulent que ces fruits se partagent au prorata du temps qui s'est écoulé. Quant à nous, nous nous rangeons au système professé par Pothier. Il est certain, en effet, que les fruits pendants lors du retrait ont augmenté le prix de la vente. Lors donc que le retrait est exercé, l'acheteur reprenant son prix doit, ce nous semble, restituer ces fruits comme formant une partie de la chose qu'il a achetée. Quant aux fruits pendants lors du retrait, comment pourrait-il en réclamer une partie quelconque, puisqu'il a cessé d'être propriétaire du fonds, et que les fruits appartiennent au propriétaire du sol, et non au maître de la semence? Nous lui reconnaissons cependant le droit de se faire indemniser de ses frais de semence et de labour, car l'art. 548 est venu consacrer un principe d'équité auquel rien ne nous autorise à déroger dans l'hypothèse que nous examinons.

Par là nous avons terminé ce que nous avions à dire de l'acquisition des fruits par le propriétaire ou par le possesseur, qui n'est qu'un propriétaire apparent. Dans les chapitres suivants nous traiterons des divers cas dans lesquels une personne peut acquérir les fruits du fonds d'autrui par l'effet de la concession de quelque droit particulier plus ou moins étendu que le propriétaire a consenti. Ces cas passés en revue, nous examinerons quels effets l'absence peut produire sur les droits des différents acquéreurs de fruits.

CHAPITRE DEUXIÈME.

DE L'ACQUISITION DES FRUITS PAR L'USUFRUITIER,
LA COMMUNAUTÉ, LE MARI SOUS LE RÉGIME DOTAL.
— L'USAGER.

SECTION PREMIÈRE.

DU DROIT DE L'USUFRUITIER.

La règle générale, en ce qui concerne le droit de l'usufruitier aux fruits de la chose soumise à l'usufruit, est
formulée par le Code, mais elle l'est en termes inexacts.
En effet, l'art. 582 est ainsi conçu : « L'usufruitier a le
» droit de jouir de toute espèce de fruits, soit naturels,
» soit industriels,... que peut produire l'objet dont il a
» l'usufruit. » Or, il est certain que l'usufruitier n'a pas
seulement *le droit de jouir des fruits,* ce qui impliquerait
qu'il doit les rendre, une fois l'usufruit éteint. En réalité,
c'est de la *chose* et non des *fruits* qu'il a le droit de jouir.
Quant aux fruits qu'il perçoit, il en acquiert la pleine
propriété.

Mais cette acquisition constitue-t-elle une exception à
la règle d'après laquelle les fruits sont acquis au propriétaire en vertu du droit d'accession qu'a celui-ci sur les
produits de sa chose? Pour bien des auteurs (Pothier, *Du
domaine,* n° 153), le titre qui donne naissance à l'usufruit
n'a d'autre effet que de substituer l'usufruitier au droit
du propriétaire quant à la perception des fruits; selon
eux, ce n'est que par droit d'accession, *vi ac potestate
rei,* et comme étant *loco domini,* que l'usufruitier acquiert
les fruits. Nous ne pensons pas que cette opinion puisse
être admise. Car l'accession, quand elle s'applique aux

produits, est une manière d'acquérir *par la seule force et puissance de la chose qui nous appartient*. Ainsi définie, elle ne peut résulter, ce nous semble, que d'une propriété préexistante, et, par conséquent, le propriétaire seul peut l'invoquer. C'est bien là l'idée que les rédacteurs du Code paraissent avoir admise, puisque les art. 546 et 547 ont fait du droit d'accession un attribut particulier de la propriété. Or l'usufruitier est simple détenteur à titre précaire de la chose d'autrui. Pour lui, par conséquent, il ne peut être question d'acquérir par accession, et il faut décider que la constitution d'usufruit a pour effet non pas seulement de subroger l'usufruitier au propriétaire, mais de créer un droit spécial en vertu duquel l'usufruitier peut acquérir les fruits. Peu importe du reste la solution que l'on donne à cette question toute théorique. Les conditions auxquelles est soumis le droit de l'usufruitier restent les mêmes. Recherchons quelles sont ces conditions.

Et d'abord, comment l'usufruitier acquiert-il les fruits? comment les fait-ils siens? lui appartiennent-ils par cela seul qu'ils sont pendants par racines ou par branches, ou au moins lorsqu'ils sont parvenus à l'état de maturité? ou bien faut-il qu'un fait étranger à la maturité s'y réunisse? Oui, il faut un fait étranger à l'état des fruits, et ce fait, c'est la *perception*. Sans ce fait, les fruits les plus mûrs appartiennent au propriétaire du fonds si l'usufruit vient à s'éteindre; car, tant qu'ils tiennent au sol, ils sont réputés en faire partie. Ces principes sont formellement consacrés par l'art. 585, en ces termes : « Les » fruits naturels et industriels, pendants par branches ou » par racines au moment où l'usufruit est ouvert, appar- » tiennent à l'usufruitier. Ceux qui sont dans le même » état au moment où finit l'usufruit appartiennent au pro-

» priétaire. » —Cet article renferme, du reste, une faute
de rédaction assez grave : il n'est pas exact de dire que
les fruits pendants appartiennent à l'usufruitier au moment où l'usufruit est ouvert; celui-ci, en effet, n'a que
le droit de les percevoir. Si donc il mourrait avant la récolte, ces fruits reviendraient au nu-propriétaire comme
n'ayant pas cessé un seul instant de faire partie intégrante du fonds.

En outre, nul ne devant s'enrichir aux dépens
d'autrui, l'usufruitier doit se garder de faire une récolte anticipée, sous peine d'être tenu d'une indemnité
vis-à-vis du nu-propriétaire auquel il aurait porté préjudice. Ainsi il n'est pas permis à l'usufruitier qui verrait
approcher la fin de son usufruit de prévenir le temps de
la récolte pour s'emparer intempestivement des fruits
avant le terme fixé à la jouissance. « Du reste, il importe
» de remarquer, disent fort bien MM. Ducauroy, Bonnier
» et Roustain (*Commentaire du Code civil*, tome II, p. 105),
» qu'indépendamment de la maturité absolue, il existe
» pour plusieurs sortes de fruits une sorte de maturité
» relative, qui dépend du but particulier dans lequel cha-
» cun d'eux a été cultivé, et alors on est dans l'usage de
» les couper dès qu'ils sont propres à remplir ce but.
» Puisque l'usufruitier a droit de jouir comme le proprié-
» taire lui-même, il doit percevoir les produits du sol dès
» que chacun d'eux peut remplir sa destination. »

La perception faite sans fraude suffit donc pour faire
acquérir les fruits à l'usufruitier, mais elle est indispensable. Alors même que les fruits auraient atteint la maturité, l'usufruitier qui ne les aurait pas coupés avant la
cessation de l'usufruit ne pourrait les réclamer, même
s'il offrait de prouver qu'il n'a pu faire la récolte par suite
d'une force majeure, une inondation, par exemple, ou

l'invasion de l'ennemi. Il est impossible d'admettre une
autre décision en présence des termes de l'art. 585, et d'ailleurs le cas fortuit ne doit nuire qu'à celui qu'il frappe.

Puisque les fruits ne s'acquièrent que par la perception, il est facile de voir quelle solution il faut donner à
la question suivante : Un usufruitier, au moment où son
droit s'éteint, se trouve avoir fait, d'une part, des récoltes
anticipées, d'autre part, il laisse sur pied des fruits qu'il
aurait pu recueillir ; y aura-t-il lieu à compensation ? Nous
ne le pensons pas ; car tous les fruits à recueillir appartiennent nécessairement au propriétaire par le seul fait
de leur existence sur pied ; comment donc établir une
compensation entre l'indemnité qui résulte des récoltes
anticipées et les fruits qui n'ont jamais appartenu à l'usufruitier ? En recueillant des fruits avant l'époque fixée,
celui-ci a pris la *chose* du nu-propriétaire ; en laissant
ceux qu'il aurait pu récolter, il n'a pas donné une chose
qui fût sienne ; il ne peut par conséquent l'offrir en compensation de sa dette.

En quoi consiste cette perception que doit faire l'usufruitier, s'il veut acquérir les fruits auxquels il a droit ?
La perception est l'acte qui donne aux fruits une individualité distincte. Ce n'est donc pas autre chose que la
séparation des fruits d'avec la chose frugifère. Ainsi que
nous l'avons déjà vu, le droit romain exigeait que cette
séparation fût faite par l'usufruitier ou par quelqu'un en
son nom. Mais, sur ce point, l'ancienne jurisprudence s'é-
tait écartée des lois romaines en décidant que les fruits
appartiendraient à l'usufruitier, de quelque manière qu'ils
eussent été perçus. (Pothier, *Du douaire*, n° 199.) Dans
le silence du Code, c'est cette dernière règle que nous
devons adopter. En effet, l'usufruitier a, en ce qui concerne les fruits, les mêmes droits qu'aurait le propriétaire

lui-même si le droit de jouir n'avait pas été séparé de la propriété (art. 578). Il doit donc acquérir les fruits dès qu'ils existent comme choses distinctes de l'objet producteur, c'est-à-dire dès qu'ils sont séparés, parce que c'est ainsi que les acquerrait un propriétaire qui aurait conservé le droit de jouir de sa chose.

Des divers principes que nous venons d'exposer, il résulte que, si l'usufruit ne commence que quelques jours après la récolte terminée par le propriétaire, et vient à finir quelques jours avant le commencement de la récolte suivante, l'usufruitier n'aura absolument rien recueilli, quoiqu'il ait joui du fonds pendant dix ou onze mois. Et réciproquement, si l'usufruit commençait avant la première récolte et finissait quelques jours après la seconde, il aurait deux récoltes pour une jouissance de treize ou quatorze mois. Il y a donc dans l'usufruit des variations et des chances de gain ou de perte pour l'usufruitier comme pour le nu-propriétaire. C'est ainsi qu'on peut expliquer la dérogation à l'art. 548 consacrée par l'art. 585. Aux termes de cet article, l'usufruitier profitant de la récolte préparée aux frais du propriétaire ne doit pas l'indemniser de ses avances; et réciproquement, dans le cas où l'usufruitier décède avant d'avoir recueilli la récolte préparée à ses frais, le propriétaire n'est pas soumis à l'obligation de rembourser les frais de labours, travaux et semences faits par l'usufruitier. S'il en est ainsi, c'est que les rédacteurs du Code, voulant éviter les expertises et les estimations qu'il aurait fallu faire, au commencement et à la fin de l'usufruit, pour appliquer la règle : *Fructus non intelliguntur nisi deductis impensis*, ont considéré que, l'usufruit ayant par lui-même un caractère aléatoire, on pouvait facilement augmenter les chances de gain ou de perte qu'il présentait déjà, aussi bien pour le nu-propriétaire que pour l'usufruitier. Ils ont donc décidé que de part et d'autre il n'y aurait lieu à aucune récompense pour frais de labours et de semences. Sans doute cette disposition peut être critiquée à bien des points de vue, mais il faut au moins reconnaître qu'elle a l'immense avantage de couper court à toute contestation.

Toutefois, il est bien entendu que l'art. 585 ne s'applique que dans les rapports de l'usufruitier avec le propriétaire. Si donc les frais de labours, de semences, avaient été faits par un tiers, il faudrait que celui qui prendrait les fruits indemnisât le tiers de ses dépenses et de ses travaux, sauf à recourir ensuite contre celui dans l'intérêt duquel les frais auraient été faits et dont on aurait rempli l'obligation en les payant. En effet, si la règle de l'art. 585 se trouve équitable entre le propriétaire et l'usufruitier par la réciprocité des chances, il n'en est plus ainsi lorsqu'il s'agit d'un tiers. L'art. 548 reprend donc tout son empire.

Ce n'est pas du reste tous les fruits absolument que l'usufruitier peut faire siens en les percevant ; c'est seulement ceux sur lesquels un tiers n'a pas de droit acquis. Ainsi, quand au commencement de l'usufruit le fonds est occupé à bail par un colon ayant droit à une quotité des fruits, l'usufruitier doit lui laisser cette quotité (art. 585). De même, s'il existe sur le fonds un fermier payant en argent, c'est ce fermier qui prend les fruits naturels, et l'usufruitier n'a droit qu'aux fermages, c'est-à-dire aux fruits civils de la chose, lesquels, d'après l'article 586, s'acquièrent d'une tout autre manière, savoir, jour par jour et en proportion du temps que dure la jouissance.

Telles sont les conditions auxquelles l'usufruitier acquiert les fruits. Mais à partir de quel moment peut-il exercer son droit? En règle générale, c'est du moment où

l'usufruit s'est ouvert (art. 604). Si donc, postérieurement
à l'ouverture de l'usufruit, le nu-propriétaire ou un tiers
percevait les fruits, il serait tenu de les restituer, à moins
qu'il ne fût possesseur de bonne foi, auquel cas il ferait
les fruits siens. Et cette règle s'applique quand bien
même l'usufruitier, soumis à l'obligation de fournir
caution, n'a pas encore satisfait à cette obligation.
L'art. 604 le décide en termes formels. Est ainsi abrogée
la disposition de notre ancien droit d'après laquelle la
douairière n'avait droit aux fruits des héritages sujets
au douaire que du jour où elle avait fait au greffe son
acte de caution juratoire de jouir en bon père de famille,
en affirmant qu'elle ne pouvait trouver d'autre caution.

Mais doit-on étendre la décision de l'art. 604 au cas
où l'inventaire exigé par l'art. 600 n'a pas été dressé?
Nous ne le pensons pas. Car, aux termes de l'art. 600
lui-même, l'usufruitier *ne peut entrer en jouissance* qu'a-
près cette formalité. Le législateur semble donc avoir
voulu faire de la privation des fruits la sanction de la loi
sur ce point; il pouvait le faire sans être accusé d'inconséquence, car il y a une certaine différence entre le
cas où l'usufruitier est en retard de fournir caution et
celui où il n'a pas dressé d'inventaire. En effet, il ne
dépend pas toujours de lui de fournir caution, lors même
qu'il offre toutes les garanties désirables, tandis qu'il
peut toujours faire immédiatement inventaire (arg. anal.,
art. 1442). Toutefois, nous reconnaissons que si l'usufruitier était entré en jouissance du consentement exprès
ou tacite du nu-propriétaire, ce dernier ne pourrait se
prévaloir de l'article 600 pour demander la restitution
des fruits perçus par l'usufruitier. Les déchéances sont
de droit strict et ne doivent être appliquées que dans
les cas prévus par le législateur.

Une question du même genre est celle de savoir si la
règle en vertu de laquelle le droit aux fruits prend naissance du jour même de l'usufruit s'applique au cas où
l'usufruit est constitué par un legs. Sur cette question,
nous nous rangeons au système de la négative; et nous
croyons qu'en pareil cas l'usufruitier, pour prétendre aux
fruits, a besoin de former une demande en délivrance
de son legs. En effet jusqu'au moment de la demande,
l'héritier peut être considéré comme possesseur de bonne
foi, et, par conséquent, comme faisant les fruits siens
au détriment de l'usufruitier. Mais, dit-on, l'art. 604
in fine porte que les fruits sont dus à l'usufruitier du jour
où l'usufruit lui-même est ouvert; or, l'usufruit est ouvert avant toute demande en délivrance; donc l'usufruitier a droit aux fruits, indépendamment de cette formalité, du jour même du décès. On donne, en raisonnant
ainsi, une portée beaucoup trop grande à l'art. 604.
Pour nous, cet article s'occupe d'un seul point, l'effet du
retard de fournir caution, et il décide simplement que
l'usufruitier qui n'aura pas fourni caution sera néanmoins traité, quant à l'acquisition des fruits, comme
l'usufruitier qui ne serait pas en retard. Mais quant à la
question de savoir à partir de quel moment existe pour
un usufruitier en général le droit aux fruits, il le laisse
complétement de côté et se réfère au droit commun. Et
en effet, si le législateur avait eu la pensée qu'on lui
prête, s'il avait voulu décider que le légataire de l'usufruit aurait droit aux fruits, indépendamment de toute
demande en délivrance, bien évidemment il ne se serait
pas borné à écrire une décision si importante dans le
deuxième alinéa de l'art. 604, alors que rien de ce qui
précédait ni de ce qui suivait ne se rattachait à cet ordre
d'idées. Ne voyons donc là qu'une disposition générale

qui, loin de déroger à la disposition de l'art. 1014, ne fait que s'y reporter, et disons que le légataire d'un usufruit n'aura droit aux fruits que du jour de sa demande. Peu importe, du reste, que l'usufruit légué soit universel, à titre universel ou particulier; car le légataire d'un usufruit même universel n'est, en définitive, qu'un légataire particulier (art. 1003, 1010).

Tout usufruitier, en même temps qu'il voit s'ouvrir son droit, voit commencer pour lui l'obligation de supporter toutes les charges qu'un bon père de famille acquitte avec les fruits qu'il retire de ses biens. S'agit-il d'un fonds déterminé, l'usufruitier doit payer tous les impôts ordinaires qui pèsent sur ce fonds, les frais de garde, de curage des fossés et des rivières, etc. (art. 608); faire les dépenses d'entretien (art. 605); prendre pour lui les frais des procès qui concernent la jouissance, à moins qu'il n'ait contre le constituant une action en garantie (art. 613). Il doit même contribuer, en en payant les intérêts, aux charges extraordinaires qui, pendant la jouissance, viennent affecter la pleine propriété (art. 609); ces charges sont, en définitive, une diminution du bien, et en conséquence doivent atteindre le nu-propriétaire et l'usufruitier, chacun en proportion du droit qui lui appartient. S'agit-il d'une universalité, l'usufruitier, prenant tous les revenus actifs de cette universalité, doit en supporter tous les revenus passifs. Ainsi, le légataire d'un usufruit universel ou à titre universel payera, soit en totalité, soit en proportion de sa jouissance, les intérêts des dettes et charges de la succession (art. 612) et les arrérages des rentes viagères (art. 611). *Ubi emolumentum, ibi onus*, telle est la règle que le législateur s'est constamment appliqué à suivre sur ce point.

Après les idées générales que nous venons de donner

sur l'acquisition des fruits par l'usufruitier, nous devons entrer dans l'examen des particularités spéciales aux différentes natures de fruits; nous allons examiner successivement comment s'exerce le droit de l'usufruitier : 1° sur les terres labourables, prés, vignes, vergers, etc.; 2° sur les animaux; 3° sur les bois; 4° sur une pépinière; 5° sur les carrières.

1° *Usufruit des terres labourables, prés,* etc. — Nous ne ferons ici qu'une seule observation, c'est que l'usufruitier, étant soumis à l'obligation de jouir en conservant la substance de la chose, ne pourrait, dans l'intérêt de sa jouissance, opérer dans la culture du fonds des changements qui altéreraient cette substance. Ainsi il ne pourrait pas remplacer un champ par une prairie, ni transformer une terre labourable en jardin potager, etc. Mais cette obligation respectée, il peut exploiter le fonds comme bon lui semble. Il lui est même permis de labourer et de convertir ainsi son droit à des fruits naturels en un droit à des fruits civils (art. 595), alors que le propriétaire aurait eu l'habitude de cultiver lui-même son fonds. Ce n'est pas là changer la destination de la terre, pourvu, bien entendu, qu'en affermant l'immeuble, on lui maintienne sa destination.

2° *Usufruit des animaux.* — Appelé à percevoir toutes les espèces de fruits, l'usufruitier profite du croît, de la laine, du laitage, etc., des animaux. Toutefois son droit sur le croît ne s'exerce pas d'une manière aussi absolue lorsque l'usufruit porte sur un troupeau que s'il est établi sur des têtes de bétail séparées. En effet, s'il s'agit d'un troupeau, l'art. 616 porte que, si une partie du bétail vient à périr, l'usufruitier est tenu de remplacer, *jusqu'à concurrence du croît,* les têtes d'animaux qui ont péri.

Jusqu'à concurrence du croît, ces mots sont vagues, et on est en droit de se demander si la loi a voulu parler du croît existant ou de celui qui n'existe pas encore, des agneaux nés avant l'accident ou seulement de ceux qui naîtront dans l'avenir. Mais il faut se rappeler qu'une question analogue était posée au *Digeste*, et que les juris-consultes romains, tout en décidant que l'usufruitier était propriétaire du croît, ajoutaient : *sed posteriorem casum debere usufructuarium* (L. 69, *De usuf.*). Puisque le Code ne s'est point expliqué sur ce point, c'est sans doute qu'il s'est référé au droit romain. D'ailleurs l'obligation de compléter le troupeau peut être assimilée à l'obligation de faire les réparations d'entretien. Or il est clair que l'usu-fruitier ne saurait se dispenser de ces réparations, en alléguant la médiocrité ou même la nullité des récoltes qui ont suivi ; il serait indubitablement forcé de prendre la somme nécessaire sur le produit des années antérieures. Pour quelle raison en serait-il autrement à l'égard du croît qui forme le revenu du troupeau ? Nous dirons donc qu'il faut reconstituer le troupeau, non-seulement avec le croît futur, mais encore avec le croît passé ; en sorte que l'usufruitier n'acquiert en définitive sur les petits des animaux qu'un droit résoluble et soumis à cette condi-tion que le troupeau reste complet.

3° *Usufruit des bois.* — Le *taillis*, recélant en lui-même un principe de production et de reproduction, est consi-déré comme pouvant donner des fruits. Il tombe néces-sairement sous l'action de l'usufruitier, mais à une con-dition qu'il importe d'approfondir. C'est, en général, par l'aménagement que le taillis se forme et se renouvelle; l'usufruitier doit donc respecter dans sa jouissance : 1° l'ordre; 2° la quotité; 3° l'âge des coupes; 4° le nom-bre des arbres réservés; en d'autres termes, il doit suivre

11

l'aménagement qui se trouve établi à l'ouverture de l'usufruit. Si le terrain n'a pas été divisé en un certain nombre
de coupes, mais que l'on soit dans l'habitude à certaines
époques, tous les dix ans par exemple, de l'abattre tout
entier, il n'y aurait pas aménagement, mais usage constant, dont le nouveau possesseur ne devrait pas s'écarter. Ces principes ont été consacrés par l'art. 590;
mais en des termes assez équivoques pour faire naître
deux graves questions.

Et d'abord l'usufruitier doit-il nécessairement se conformer à l'aménagement établi par le propriétaire même
du bois, et ne peut-il, dans certains cas, adopter l'aménagement suivi par les propriétaires voisins qui possèdent
dans la même région des bois de même nature? Nous
croyons, en ce qui nous concerne, que ces mots : *conformément à l'aménagement ou à l'usage constant des propriétaires*, employés par l'art. 590, peuvent également
s'entendre, suivant les cas, soit de l'aménagement ou de
l'usage des propriétaires mêmes du bois grevé d'usufruit,
soit de l'aménagement ou de l'usage des propriétaires
voisins. Sans doute, en principe général, c'est la jouissance antérieure des propriétaires mêmes de la chose
grevée qui doit servir de type à la jouissance de l'usufruitier; car, aux termes de l'art. 578, l'usufruitier doit
jouir comme jouissait le propriétaire lui-même. Mais cette
règle ne saurait être absolue; car il est des cas où elle
ne pourrait être observée, d'autres où elle ne devrait pas
l'être. Ainsi elle ne pourrait être appliquée si le taillis
était un semis qui n'eût jamais été exploité, le propriétaire qui en aurait légué l'usufruit étant mort, par exemple, avant de l'avoir aménagé. En effet, dans un pareil
cas, à moins d'enlever à l'usufruitier le droit de couper
les bois, il faut le renvoyer à l'usage constant des autres

propriétaires de la même localité. De même cette règle
ne devrait pas être suivie si le propriétaire, prodigue ou
mauvais administrateur, n'avait pas aménagé le taillis en
bon père de famille et en avait joui en déprédateur, en
y faisant des coupes déréglées. L'usufruitier ne pourrait
point et ne devrait point prendre pour modèle de sa jouissance l'administration qui aurait précédé la sienne; car,
avant tout, il doit jouir en bon père de famille (art. 601),
et une exploitation déprédatrice n'est pas même une
exploitation. Il faut donc, de toute nécessité, faire prévaloir l'usage des lieux sur l'incurie de la dernière administration.

La seconde question est celle de savoir si c'est l'usage
des anciens propriétaires du bois que l'usufruitier doit
observer, ou si, au contraire, la règle de sa jouissance
n'est pas le mode établi par le dernier propriétaire auquel il succède, lors même que ce mode serait nouveau
et différent de celui que les précédents propriétaires
avaient pendant longtemps pratiqué. Il nous paraît
évident que c'est l'aménagement du dernier propriétaire qui doit être suivi, malgré l'expression *des propriétaires* dont se sert l'art. 590, si du reste cet
aménagement est régulièrement établi. Telle est la conclusion que nous tirons de l'art. 578, d'après lequel
l'usufruitier a le droit et le devoir de jouir comme
le propriétaire lui-même jouissait. D'ailleurs où s'ar-
rêterait-on dans la filiation des propriétaires, si on
suivait le système contraire? Nous reconnaissons toutefois qu'il y aurait exception à la règle que nous donnons, s'il y avait mauvaise administration évidente de
la part du propriétaire. En ce cas, au lieu de recourir
à l'usage des propriétaires voisins, ainsi que nous l'avons
décidé tout à l'heure, il faudrait évidemment se référer

11.

à l'ancien aménagement suivi par les précédents propriétaires du fonds.

Les *futaies* diffèrent des taillis en ce qu'elles ne sont pas
toujours mises en coupes réglées. Mais, quand il existe
un aménagement ou un usage constant, l'usufruitier a
droit à tous les produits dont la destination du propriétaire a fait des fruits. Remarquons du reste que, de droit
commun, les bois ne croissent pas pour être conservés en
futaies, mais pour être exploités en taillis. Si donc une
forêt nouvelle n'avait pas été coupée depuis le semis, il
faudrait la considérer comme taillis, et, à ce titre, la soumettre à l'usufruit, à moins que le propriétaire n'eût
manifesté l'intention d'élever une futaie.

S'il est certain que le bois grevé d'usufruit est une
futaie, l'usufruitier doit, d'après l'art. 594, faire les
coupes *en se conformant aux époques et à l'usage des
anciens propriétaires*. Ici bien évidemment le mot *propriétaires* ne désigne que les propriétaires du fonds et ne saurait s'appliquer aux propriétaires voisins. Il est donc
impossible de décider, comme nous l'avons fait en ce qui
concerne les taillis, qu'à défaut d'aménagement établi
par le propriétaire même du bois, l'usufruitier pourrait
exploiter en se conformant aux usages du pays. Ce n'est
qu'autant que la futaie a été aménagée par les anciens
propriétaires eux-mêmes qu'il lui est permis d'y faire des
coupes. Cela est du reste facile à comprendre ; car la règle
générale est que les bois de ce genre ne sont pas des fruits,
et ce n'est que par exception qu'ils deviennent tels. Or
cette exception ne peut émaner que de la volonté du
propriétaire lui-même, puisque seul il a le droit de
disposer de sa chose.

Mais ici, comme sur l'art. 590, nous ne prendrons
pas dans un sens absolu l'idée de pluralité contenue dans

ces mots *des anciens propriétaires.* Pourvu qu'un aménagement régulier ait été établi, ne fût-ce que par le propriétaire immédiatement antérieur, cela suffit. Il faut, en effet, respecter l'intention vraisemblable du propriétaire qui a transmis l'usufruit. Celui-ci doit être réputé avoir voulu transmettre à l'usufruitier le droit de continuer le mode de jouissance qu'il avait lui-même commencé, et non pas seulement le droit de jouir de la futaie, comme s'il ne l'avait pas aménagée, et conformément à l'art. 592.

L'usufruitier, qu'il s'agisse d'un bois taillis ou de futaies aménagées, n'acquiert les arbres qu'au fur et à mesure qu'il les coupe ; encore faut-il qu'il les coupe à l'époque où ils doivent l'être ; car il ne peut pas, par des anticipations irrégulières, acquérir des bénéfices que son droit ne comporte point. Il en résulte, d'une part, que, s'il a négligé de faire les coupes qu'il aurait pu légitimement faire, il n'a aucun droit aux arbres qu'il n'a pas abattus, et qu'aucune indemnité ne lui est due par le propriétaire qui en bénéficie (art. 585 et 590); d'autre part, que, si l'usufruitier a fait des coupes anticipées et que son droit vienne à s'éteindre avant l'époque normale des coupes qu'il s'est trop hâté de faire, il est tenu d'indemniser le propriétaire.

4° *Usufruit des pépinières.* — Une pépinière n'est pas, comme le taillis, susceptible d'une reproduction périodique ; ce n'est pas non plus, comme la futaie, le produit d'économies successives ; en réalité, c'est une réserve dont on ne peut jouir qu'en l'altérant, qu'en en détruisant la substance. Cependant les arbres qu'elle renferme sont trop nécessaires aux exploitations agricoles pour les laisser inutiles pendant toute la durée d'un usufruit. Tous les intérêts sont conciliés par l'art. 590-2°, qui décide, à l'exemple du droit romain, que « les arbres qu'on peut

» peut tirer d'une pépinière sans la dégrader ne font
» aussi partie de l'usufruit qu'à la charge par l'usufruitier
» de se conformer aux usages des lieux pour le rempla-
» cement. »

5° *Usufruit des carrières, mines,* etc. — Les substances
extraites des mines, carrières, etc., ne sont pas précisément des fruits, ainsi que nous l'avons déjà fait remarquer. On sait cependant que la loi les considère comme
tels quand la chose a été destinée par le propriétaire à les
procurer. L'usufruitier a donc le droit d'exploiter les
mines et les carrières déjà ouvertes quand son usufruit
s'établit; mais il n'a pas le droit d'en ouvrir, puisqu'il
n'y aurait plus alors destination du propriétaire, et que
les matières à extraire ne seraient plus dès lors considérées comme fruits. Ces principes sont, du reste, formellement consacrés par le Code dans l'art. 598.

SECTION DEUXIÈME.

DU DROIT DE LA COMMUNAUTÉ.

Lorsqu'un mariage est contracté conformément au régime communal, il se forme entre l'homme et la femme,
et dès la célébration du mariage, une association d'intérêts, soit pour fournir à leur entretien et aux dépenses
du mariage, soit pour faire des bénéfices et acquérir à
profits communs. Cette association d'intérêts a reçu le
nom de *communauté.* Constitue-t-elle un être moral et
peut-elle être considérée comme une tierce personne distincte des époux? C'est là une question controversée,
mais que nous n'examinerons pas. Alors même qu'on
n'admettrait pas ici la fiction d'un être moral, il faudrait
du moins reconnaître que la communauté n'est pas un
mot vide de sens, et que, à côté des patrimoines person-

nels du mari et de la femme, il existe un autre patrimoine qui comprend la propriété des biens communs et l'usufruit des biens des époux. Quels sont les fruits compris dans ce patrimoine et à quelles conditions y entrent-ils? Telles sont les seules questions qui doivent nous occuper.

En ce qui concerne les fruits des biens communs, aucune difficulté. La communauté étant propriétaire de ces biens en acquiert nécessairement les fruits, comme tout autre propriétaire. En outre, puisque la communauté prend tous les meubles qui appartiennent aux époux lors de la célébration du mariage (art. 1401-1°), elle profite des fruits des propres perçus et encore existants lors du mariage, car ces fruits, par la séparation d'avec la chose frugifère, sont devenus une partie du mobilier de l'époux propriétaire du fonds (art. 220). Il n'en pourrait être autrement que si, par une clause spéciale, les époux s'étaient réservé toute la fortune mobilière qu'ils possèdent au jour du mariage.

Quant aux fruits perçus depuis le mariage sur les propres, on aurait pu dire que ces fruits, ayant fait partie des propres eux-mêmes (*fructus pendentes pars fundi esse videntur*), devaient rester en dehors de la communauté, quand bien même ils seraient devenus meubles par la séparation. Et en effet, la plupart des meubles qui proviennent des propres des époux n'entrent pas en communauté. Mais la loi, considérant que, pendant le mariage, tous les fruits, même ceux des propres, ont une destination naturelle, qui est de supporter les charges du mariage, les a attribués par une disposition expresse (art. 1401-2°) à la communauté appelée à supporter ces charges. Elle a donc constitué ainsi un véritable droit d'usufruit en faveur de la communauté sur les propres des époux. Mais, en même temps, elle a combiné les règles sur les droits de l'usufruitier, tels que nous les avons déjà donnés, avec les obligations personnelles qui dérivent du contrat d'association entre les époux, et elle a essayé de prévenir le danger des dons indirects et les abus de pouvoir du mari comme administrateur. De là plusieurs différences notables entre l'usufruit ordinaire et l'usufruit que l'on reconnaît à la communauté, différences que nous allons voir paraître successivement, mais qui n'empêchent pas que le droit de la communauté sur les propres des époux ne soit un véritable droit d'usufruit.

La communauté prend tous les fruits perçus pendant le mariage sur le propre de l'un des époux, quel que soit du reste le titre en vertu duquel ils sont perçus. Par exemple, si l'un des époux a un usufruit sur le bien d'un tiers, quoique cet usufruit demeure propre au conjoint pour le fond du droit, les revenus en tombent dans la communauté. De même les fruits perçus par l'époux comme possesseur de bonne foi ou comme envoyé en possession provisoire, en vertu de l'art. 127, tomberaient dans la communauté, etc.

La règle générale recevrait-elle cependant exception si un immeuble avait été donné ou légué à la femme depuis le mariage, à la condition que les fruits de cet immeuble resteraient propres? Deux cas doivent être soigneusement distingués, selon que la libéralité porte sur la quotité disponible ou sur la réserve, si le donateur est un ascendant.

Dans le premier cas, on décide, et avec raison, qu'il faut respecter la clause stipulée dans la donation. Sans doute, l'art. 1395 prohibe pendant le mariage les changements aux conventions matrimoniales. Mais le but unique de cette prohibition est de favoriser la sécurité des tiers et d'empêcher que l'un des époux n'abuse de son influence sur l'autre pour améliorer injustement sa position. Ce qui le prouve, c'est que la loi elle-même nous donne des exemples où l'on voit un tiers, donateur ou testateur, régler autrement que ne le fait le Code ou le contrat de mariage les droits respectifs des époux sur les biens donnés (art. 1401-1° et 1405). Invoquer l'art. 1395 pour annuler la clause dont il s'agit, c'est donc en faire une fausse application. Cet article, en réalité, interdit aux seuls époux de soumettre les biens à venir à un autre régime que les biens déjà acquis, mais laisse les tiers libres de ne consulter que leur affection, sans s'occuper d'un contrat qui, pour eux, est *res inter alios acta.* D'ailleurs, n'est-il pas de l'intérêt même du mari que la femme reçoive sous condition plutôt que d'être privée d'une libéralité? Ainsi, nous admettons que la restriction mise par le donateur à sa disposition est, en principe, parfaitement valable, mais nous adoptons une opinion contraire lorsque la libéralité est prise sur la réserve. En pareil cas, l'usufruit formant le montant de la réserve appartient nécessairement à la communauté, parce que la femme tient cette réserve de la loi et non de la libéralité de l'ascendant, et que la soumettre à des conditions qui en modifieraient la pleine propriété, ce serait la réduire au-dessous du taux légal.

Ainsi que nous l'avons déjà dit, si la communauté acquiert les fruits, c'est parce qu'on a voulu l'aider à supporter les charges du mariage. L'usufruit qui lui est concédé est donc un usufruit à titre onéreux. A raison de son droit de jouissance, elle est tenue non-seulement des charges usufructuaires, mais encore des frais de nourriture et d'entretien, soit des époux, soit des enfants, ainsi que des dépenses du ménage, etc.

Or, les charges du mariage naissent avec le mariage

lui-même. C'est donc du jour même de la célébration du mariage que la communauté aura droit aux fruits. Elle profitera par conséquent des fruits pendants à cette époque. Il serait impossible, en effet, de lui enlever ces premiers fruits; car ils sont les plus nécessaires, puisque les époux se trouvent en face des premières charges du mariage, qui sont à la fois les plus onéreuses et les plus pressées. Mais la communauté est-elle tenue d'une récompense à raison des frais de culture nécessités par ces fruits vis-à-vis de l'époux propriétaire? Aucune récompense n'est due; car, en définitive, ce n'est pas l'époux propriétaire, c'est la communauté qui supporte ces frais. En effet, de deux choses l'une : ou ils ont été payés par l'époux, ou ils sont encore dus. Dans le premier cas, la somme payée serait entrée dans la communauté si elle était restée aux mains du conjoint; dans le second, elle est devenue dette de la communauté (art. 1409-1°). Ainsi la communauté ne gagne rien, et nécessairement il n'y a lieu à aucune indemnité.

Faudrait-il donner la même décision si les époux s'étaient mariés sous le régime de communauté réduite aux acquêts? Sans doute on ne peut plus dire, en cas pareil, que la somme payée pour les frais de culture a été reçue en moins par la communauté, puisque tout le mobilier présent, actif ou passif, a été réservé propre à l'époux; mais on peut soutenir que l'époux est censé avoir promis la jouissance de ses biens dans l'état où ils se trouveraient lors du mariage, puisqu'il n'a fait dans le contrat aucune réserve à l'égard des frais qu'il avait payés. Comment, d'ailleurs, déterminerait-on avec certitude la quantité de ces frais lorsque la communauté viendrait à se liquider après avoir duré un certain temps?

Bien entendu, l'exception que nous venons de signaler

à l'art. 585 en faveur de la communauté n'est applicable que dans les rapports de celle-ci avec l'un des
époux, mais non contre le tiers. Aussi est-il certain que
la communauté devrait indemniser le tiers qui aurait labouré et ensemencé, et respecter le droit du colon partiaire.

La communauté n'ayant droit aux fruits que parce
qu'elle est tenue des charges du mariage, il en résulte
qu'elle perd ce droit du jour même où son obligation de
supporter ces charges vient à cesser. Or ce jour est précisément celui de la dissolution de la communauté. Aucune difficulté ne peut s'élever sur ce point. Nous ferons
simplement remarquer que le jugement qui prononce
une séparation de biens remonte, quant à ses effets, au
jour de la demande (art. 1445-1°). C'est donc à partir
de la demande que la communauté est réputée dissoute,
et, par conséquent, c'est à partir de ce moment-là qu'elle
cesse de gagner les fruits, si la séparation de biens est
prononcée.

Tant que dure la communauté, c'est par la perception
que les fruits sont acquis. En effet, les fruits qui adhèrent
au sol sont réputés faire partie du fonds et en ont la nature
immobilière. La séparation seule leur donne une existence
particulière et indépendante, en fait des fruits proprement
dits et en rend possible l'acquisition. Elle suffit, mais elle
est indispensable. De là la conséquence suivante : Un
mois de mariage peut enrichir la communauté d'une récolte de huit à neuf années, s'il s'agit, par exemple, d'une
coupe de bois taillis; et réciproquement, la communauté
peut pendant huit à neuf années de mariage n'acquérir
aucun fruit, si, établie aussitôt après une coupe, elle
prend fin à l'approche de la coupe suivante. (Pothier,
Communauté, n° 201.) Ces résultats peuvent paraître
contraires à la destination des fruits ou au motif qui les

a fait entrer en communauté. Il semblerait peut-être plus
équitable de ne les attribuer à la communauté qu'en proportion du temps qu'a duré le mariage. C'est d'ailleurs la
règle suivie par le Code en ce qui concerne les fruits des
biens dotaux sous le régime dotal (1) (art. 1571). Mais
l'art. 1571 est tout spécial et ne peut être étendu ici.
Le doute n'est pas même permis à cet égard, en présence
des termes de l'art. 1401-2°; et il est certain, d'une
part, que la communauté acquiert tous les fruits perçus
par elle, quelque courte qu'ait été la durée du mariage;
d'autre part, que l'époux propriétaire prend tous les fruits
qui se trouvent pendants sur le fonds lors de la dissolution de la communauté, alors même que celle-ci se
verrait privée de son émolument, après avoir été tenue
en réalité des dépenses du ménage pendant un temps
assez long.

Mais lorsque le conjoint, propriétaire d'un fonds,
trouve une récolte sur pied, il doit récompense à la
communauté pour les frais de culture. En effet, aucun
des époux ne peut tirer de la communauté un profit personnel (art. 1437), et ce principe serait évidemment
violé si l'on attribuait à l'un des conjoints toute une récolte sans l'obliger à tenir compte des dépenses auxquelles elle a donné lieu. Sans doute, nous avons reconnu
à la communauté le droit de ne payer aucune récompense
pour les frais des fruits qu'elle a trouvés lors de son établissement. Mais, ainsi que nous l'avons dit, les frais sont

---

(1) *Non tamen praticatur ut ultimi anni fructus dividantur prorata,
sed, aut sunt amobiliati et cédunt communioni; aut pendent, et redeunt
cum prædiis. Ratio prodest dici bona, quia de jure vir et uxor non sunt
socii, sed per consuetudinem; sic ergo onera matrimonii non sunt viri
solius, licet habeat principalem curam et administrationem; sed sunt
onera communionis aut societatis.* (DUMOULIN.)

payés ou seront payés avec les fonds qui devaient entrer
ou rester dans la caisse commune; de sorte qu'en réalité
la communauté, tout en profitant de ces fruits, n'acquiert
aucun bénéfice. Ici ne s'applique donc pas le motif qui a
fait affranchir de toute indemnité l'usufruitier et le nu-
propriétaire. A l'égard de ceux-ci, il s'opère une compensation de deux récompenses, l'une qui pourrait être
due par l'usufruitier à son entrée en jouissance, l'autre,
par le nu-propriétaire à la fin de l'usufruit. Or cette réciprocité n'existe point pour la communauté, et celle-ci,
ayant supporté les frais de culture en prenant l'immeuble ensemencé, ne peut les supporter encore, quand
l'immeuble revient à l'époux dans cet état. On retombe
par conséquent sous l'application de l'art. 548 : *Nulli
fructus nisi deductis impensis*, et il faut décider que le
conjoint propriétaire doit indemniser la communauté des
dépenses qui ont tourné à son profit (art. 1403).

La récompense est due à la communauté et non au
conjoint personnellement. Cette remarque était importante à faire. Il en résulte que si la communauté est acceptée par la femme ou ses héritiers, l'époux propriétaire
ne supporte que la moitié des labours et semences; car,
en pareil cas, il se fait une confusion de la dette et de la
créance pour la moitié de la récompense qui appartient
à l'époux débiteur. Au contraire, au cas de la renoncia-
tion à la communauté, la récompense due par la femme
ou ses héritiers est entièrement à leur charge, et ils n'ont
rien à prétendre si elle est due par le mari.

A la condition de payer les frais de labours et de semences, l'époux propriétaire prend avec son immeuble
la récolte sur pied. Il en serait ainsi alors même que, dans
l'ordre régulier des choses, la communauté aurait dû recueillir cette récolte. Mais, en ce cas, la communauté

ayant été privée d'un bénéfice sur lequel elle pouvait compter, une récompense lui est due. L'art. 1403-2° s'en explique formellement quant aux coupes de bois, et évidemment la disposition de cet article doit être étendue à toute espèce de fruits qui auraient pu être recueillis avant l'extinction du droit de jouissance. Le législateur s'est préoccupé *de eo quod plerumque fit,* mais sa règle doit certainement s'appliquer à toutes les récoltes, puisqu'il y a toujours même motif, à savoir : le désir de prévenir les avantages indirects entre époux et les abus de pouvoir ou de gestion du mari, administrateur légal de la communauté. Peu importe du reste que le retard provienne d'une faute du mari, d'une simple négligence de sa part, ou d'une force majeure; la récompense est due dans tous les cas. Ce n'est que la conséquence du principe d'après lequel les époux ne peuvent s'enrichir aux dépens de la communauté.

Par compensation, la communauté doit de son côté récompense à l'époux propriétaire lorsqu'une récolte a été faite sur son fonds d'une manière anticipée. La loi ne le dit pas expressément. Mais l'usufruitier ordinaire lui-même est tenu d'indemniser le propriétaire lorsqu'il recueille les fruits avant leur maturité ou avant l'époque fixée pour les coupes. En outre, qu'il s'agisse de récoltes anticipées ou retardées, il y a toujours lieu de redouter les avantages indirects entre époux et les abus de jouissance de la part du mari. Il faut donc suppléer au silence de la loi et obliger la communauté à fournir une récompense à l'époux propriétaire pour les récoltes anticipées dont elle a injustement profité.

Ajoutons quelques mots sur le droit que le *mari* peut avoir sur les fruits des biens de sa femme, lorsque les époux se sont mariés sous le *régime exclusif de communauté.*

La simple déclaration des époux qu'ils se marient sans communauté n'emporte ni le régime dotal, ni la séparation de biens, mais produit un régime particulier désigné sous le nom de *régime exclusif de communauté*. En cas pareil, le mari prend tous les fruits des biens de la femme, non pas comme mandataire de celle-ci, mais comme chef du ménage et chargé du soin de la famille *jure mariti* (art. 1530). Ces fruits lui appartiennent si bien que, les besoins du ménage une fois satisfaits, tout ce qui lui en reste lui demeure propre. Remarquons seulement que le régime exclusif de communauté a été emprunté par le Code aux auteurs des pays de coutume. (Pothier, *Communauté*, n° 464.) La section relative à ce régime doit donc se compléter, non pas par les dispositions du régime dotal de l'ancien droit écrit, mais par celles du régime de communauté de l'ancien droit coutumier. Ainsi l'art. 1571, qui sous le régime dotal règle le partage des fruits de la dernière année entre les époux, n'est pas applicable ici, et le mari, comme la communauté elle-même, gardera tous les fruits perçus lors de la dissolution du mariage, sans avoir aucun droit sur ceux qui sont à percevoir ultérieurement.

SECTION TROISIÈME.

DROIT DU MARI SUR LES FRUITS DE LA DOT, LORSQUE LES ÉPOUX SONT MARIÉS SOUS LE RÉGIME DOTAL.

D'après ce que nous avons dit à propos de la communauté, on a pu voir que, pour le législateur, les fruits des biens des époux ont pendant le mariage une destination toute naturelle, celle de subvenir aux charges créées par le mariage lui-même. Aussi le Code a-t-il reconnu expressément au mari, qui sous le régime dotal doit faire

face aux dépenses du ménage, le droit de percevoir tous
les fruits des biens dotaux : *Dotis fructum ad maritum
pertinere æquitas suggerit; cum enim ipse onera matrimonii
subeat, æquum est eum etiam fructus percipere* (L. 7, pr.,
De jure dot.). Ce droit constitue-t-il un véritable usufruit
ou bien résulte-t-il d'un droit de propriété que le mari
aurait sur la dot elle-même ? C'est là une question très-
controversée, mais qui ne doit pas nous occuper. En droit
romain, sans aucun doute, le mari était *dominus dotis,*
et cependant nous avons fait remarquer que son droit
aux fruits était soumis à peu près aux mêmes règles que
le droit de l'usufruitier ordinaire. Sous l'empire du Code,
il est également certain que le mari, en ce qui concerne
les fruits de la dot, est dans une situation analogue à
celle de l'usufruitier. Nous pouvons donc passer outre et
rechercher immédiatement comment il exerce son droit
de jouissance, sans avoir à décider s'il est ou non propriétaire.

Le droit du mari aux fruits des fonds dotaux commence
avec le mariage, car du jour de la célébration naissent
les charges. En conséquence, tous les fruits perçus depuis
cette époque lui appartiennent; et ceux qui ont été recueillis antérieurement sont réunis à la dot et forment un
capital dont il faut rendre compte. Comment, en effet,
aurait-on pu destiner ces fruits à supporter les charges
du mariage, puisqu'ils ont été perçus alors que le mariage
n'existait pas encore?

Le droit aux fruits commençant le jour même du mariage, il en résulte que le mari prendrait les fruits pendants au moment de la célébration, lors même que la
célébration aurait eu lieu la veille de la récolte. Mais
serait-il tenu, en cas pareil, de rembourser à la femme
les frais de culture? L'art. 585 dispense l'usufruitier de

payer une telle indemnité au nu-propriétaire. S'il en est
ainsi, c'est que le nu-propriétaire est, de son côté, affran-
chi de toute obligation du même genre vis-à-vis de l'usufruitier, lorsqu'il trouve une récolte sur pied à l'extinction
de l'usufruit. Or, ainsi que nous allons le voir, les fruits
du fonds dotal qui sont pendants lors de la dissolution du
mariage ne sont acquis aux ayants droit que sous la
condition d'acquitter les frais de labours et de semences
(art. 1571). La compensation établie par l'art. 585
n'existe donc plus, et il faut revenir à l'art. 548, aux
termes duquel il n'y a de fruits que déduction faite des
impenses.

A ne consulter que le droit commun en matière d'acquisition de fruits, il faudrait décider que, d'une part, le
mari acquiert irrévocablement tous les fruits par lui perçus
pendant le mariage, et que, d'autre part, il n'a aucun
droit sur les fruits nés après la dissolution ou la séparation de biens. Mais l'art. 1571 a dérogé au droit commun. Il dispose, en termes exprès, que les fruits de la
dernière année seront partagés entre les époux, en proportion du temps qu'aura duré l'union conjugale pendant
cette dernière année. Si donc le mariage a duré quatre
mois, soit à partir de la célébration, soit à partir du dernier anniversaire de la célébration, le mari, pour ces
quatre mois, formant le tiers de l'année, aura droit, ni
plus ni moins, au tiers de toutes les récoltes de l'année ;
il pourra exiger de la femme le tiers des fruits pendants,
mais il devra restituer les deux tiers des récoltes qu'il
aura déjà faites pendant l'année. Cette règle, empruntée
au droit romain, nous semble fort équitable, quoiqu'elle
s'éloigne des principes ordinaires en matière de perception des fruits naturels. En effet, si, conformément au
droit commun, on eût attribué à la femme tous les

12

fruits pendants lors de la dissolution et qu'on eût laissé
au mari tous les fruits recueillis à cette époque, voici ce
qui serait arrivé dans la plupart des cas : le mariage se
serait-il dissous peu de temps avant la récolte, le mari,
qui l'aurait préparée par ses soins et par ses avances,
n'en aurait rien touché, quoique tenu jusqu'au dernier
jour de subvenir à toutes les dépenses du ménage; le
mariage se serait-il dissous au contraire très-peu de temps
après la récolte de l'année, la femme aurait été privée de
tous les produits de son fonds pendant un temps fort long,
alors que, désormais, elle aurait dû pourvoir elle-même
à ses propres besoins. Proportionner les avantages aux
charges, tel est le but que le Code a voulu atteindre, et
voilà pourquoi il a dérogé aux règles générales de l'usufruit.

Puisque le mari a droit à une portion des fruits pendants lors de la dissolution, il faut lui reconnaître le droit
de se faire indemniser des frais par lui supportés pour la
culture des fonds, proportionnellement à la portion que
prend sa femme. Autrement, il aurait moins que sa part,
car *fructus eos esse constat*, dit fort bien Ulpien, *qui de-
ducta impensa supererunt.* La manière de procéder à cet
égard sera du reste très-simple : on réunira dans une
même masse tous les fruits perçus ou à percevoir pendant la dernière année, et, sur cette masse, on prélè-
vera les frais de culture. C'est l'excédant qui devra être
partagé entre les époux.

Le partage porte sur tous les fruits de la dernière année.
Mais quel est le point de départ de *cette dernière année?*
D'après l'art. 1571, c'est l'anniversaire du jour même
où le mariage a été célébré, c'est-à-dire le jour où le mari
a commencé à en supporter les charges. Cependant les
anciens jurisconsultes enseignaient que les années de la

dot ne devaient se compter que du jour de l'entrée en jouissance de la part du mari, s'il n'avait été mis en possession que postérieurement au mariage. Cette distinction a, sans aucun doute, été rejetée par le Code, qui n'y fait aucune allusion.

L'art. 1571 n'a prévu que le cas le plus fréquent, celui des récoltes annuelles. Mais cet article doit évidemment et par identité de motifs être encore appliqué lorsqu'il s'agit de fruits qui ne se récoltent pas tous les ans, tels que les coupes de bois. On comptera donc pour une année la période de temps nécessaire pour acquérir ces fruits, et on traitera la coupe faite dans la dernière période comme les fruits perçus ou à percevoir de la dernière année.

Tel est le droit de jouissance du mari sur les biens dotaux. Mais ce droit ne s'exerce qu'à condition, pour le mari, de supporter 1° les charges d'un usufruitier (art. 1562); 2° toutes les charges du ménage. Remarquons toutefois que le mari n'est pas obligé de rendre compte des fruits qui excéderaient les besoins du ménage et qu'il faut répéter ici ce que disait le président Favre en ces termes : *De fructibus potest utique maritus* LIBERE *et* PRO ARBITRIO *disponere, quoniam ad eum spectant, non ad mulierem.* En effet, le mari a fait une sorte de traité à forfait, et s'est engagé à subvenir à toutes les charges du mariage, pourvu qu'on lui abandonnât tous les fruits de la dot. Si ces fruits étaient insuffisants, il n'aurait bien évidemment aucun recours à exercer contre la femme ; par compensation, si les fruits excèdent les dépenses, il garde pour lui le profit qui en résulte, sans que la femme puisse en rien réclamer. C'est là le prix de la chance que le mari a bien voulu courir.

Outre les biens dotaux, la femme peut, sous le régime

12.

dotal, avoir des *paraphernaux*, c'est-à-dire des biens dont
elle se soit réservé l'administration et la jouissance. Sans
aucun doute, le mari, en principe, n'a pas droit sur les
fruits que produisent ces biens. Mais, aux termes des
art. 1577, 1578, 1579, cette règle peut recevoir exception, si la femme s'en remet à son mari de la gestion
de ses intérêts extradotaux. Supposons d'abord que la
femme ait abandonné à son mari l'administration de ses
biens paraphernaux par une procuration spéciale; si
cette procuration n'impose aucune obligation expresse
de rendre compte des fruits, le mari est censé n'y être
pas obligé. C'est assurément une grande dérogation aux
principes du mandat, d'après lesquels tout mandataire
doit rendre compte. Mais cette exception s'explique facilement par la communauté d'intérêts des époux et par
l'intimité de leurs rapports. La femme est réputée avoir
donné mandat à son mari, non-seulement pour toucher
les fruits de ses paraphernaux, mais encore pour les employer à son gré aux besoins du ménage. Toutefois, si le
mari ne doit pas compte des fruits, il doit restituer ceux
qui n'ont pas encore été consommés et qui se trouvent
encore existants lors de la dissolution du mariage. De
quel droit, en effet, pourrait-il les garder, puisqu'il n'y
a plus de charges du mariage et que son mandat a cessé?
Si le mari n'a pas de mandat exprès, il peut avoir un
mandat tacite. L'art. 1578 en suppose la possibilité et
lui donne les mêmes effets qu'au mandat exprès dans lequel la charge de rendre compte n'est pas écrite; par
conséquent, ici encore, le mari profite de tous les fruits
consommés, et doit seulement restituer les fruits existants,
lorsque le mariage se dissout ou que la femme a manifesté l'intention de révoquer le mandat.

SECTION QUATRIÈME.

DU DROIT DE L'USAGER.

Si le droit que la loi désigne sous le nom d'*usage*
méritait exactement ce nom, et que la chose fût vraiment
d'accord avec le mot, l'usager serait celui qui aurait
omnem usum sine ullo fructu, et nous n'aurions pas à nous
en occuper. Mais déjà nous avons vu que le droit romain
lui-même avait fini par permettre à l'*usuarius* de prendre
pour ses propres besoins une petite portion des fruits. Le
législateur de 1803 a été plus loin encore que les jurisconsultes romains. En effet, ce n'est plus seulement par
faveur, mais par application directe des principes posés
par le Code, que l'usager a droit de jouir dans les limites
de ses besoins ; de sorte qu'en réalité l'usage peut aujour-
d'hui être considéré comme une espèce dont l'usufruit
est le genre, comme un *usufruit restreint*. Nous devons
donc placer l'usager parmi les acquéreurs de fruits, et
rechercher quels fruits il fait siens et à quelles conditions
il les acquiert.

Lorsque la portion de fruits à laquelle peut prétendre
l'usager a été réglée par le titre même qui constitue
l'usage, il est évident que ce règlement reste invariable
et ne dépend pas des besoins de l'usager. Ainsi un droit
d'usage établi sur un fonds ayant été limité à six hecto-
litres de blé par année, cette quantité est toujours due,
alors même que les besoins de l'usager viendraient à diminuer, et, réciproquement, elle ne reçoit aucune augmentation lorsque les besoins de l'usager sont devenus
plus grands (art. 628). Mais, lorsque le titre se tait, la
loi parle, et, d'après les art. 630 et 635, l'usager a le
droit de prendre la quantité de fruits qui sont nécessaires
aux besoins de sa famille.

Quels sont ces besoins? C'est là une question de fait que seul le juge peut trancher d'après les circonstances. Remarquons seulement que ces besoins peuvent être assez considérables pour que le juge croie pouvoir attribuer tous les fruits du fonds à l'usager; en cas pareil, le droit d'usage se rapprochera, à bien des points de vue, du droit qui résulterait d'une constitution d'usufruit.

D'ailleurs, la quantité de fruits que peut exiger l'usager, fixée lors de l'ouverture du droit, n'est pas nécessairement invariable. En effet, non-seulement les besoins de l'usager peuvent s'accroître ou diminuer, mais encore sa famille elle-même, c'est-à-dire la réunion des personnes dont l'usager est en quelque sorte le chef et qui vivent avec lui au même foyer, peut devenir plus ou moins considérable. On pourra donc avoir recours au juge, pendant la durée de l'usage, pour qu'il soit fait une nouvelle appréciation des besoins de l'usager et pour qu'un nouveau règlement soit donné.

L'usager n'ayant droit aux fruits que dans les limites de ses besoins, il en résulte que sa part, dans les différentes espèces de fruits que le fonds peut produire, doit se restreindre à la mesure de sa consommation relativement à ces mêmes espèces de fruits. Ainsi le droit d'usage établi sur une terre en vignoble ne donnerait à l'usager que la faculté de prendre une quantité de vin suffisante pour sa boisson et celle de sa famille, et non pas le droit d'exiger d'abord le vin nécessaire à sa consommation et une autre quantité encore pour la vendre à l'effet d'acheter le blé dont il aurait besoin.

Une fois la quantité des fruits, auxquels l'usage établi sur un fonds peut donner droit, déterminée par le juge, comment l'usufruitier acquiert-il les fruits? Ici se présente une assez grave question : L'usager peut-il jouir par lui-même et demander la délivrance du fonds sujet à son droit ? ou bien, au contraire, doit-il se contenter de recevoir sa part de fruits des mains du propriétaire ? Pour soutenir qu'il doit *recevoir* et jamais *prendre*, on invoque les termes des art. 630 et 635. L'art. 630, dit-on, ne reconnaît à l'usager que le droit d'*exiger*, ce qui suppose qu'il ne possède pas par lui-même ; et l'art. 635, en l'assujettissant à l'obligation de contribuer aux frais de culture, montre bien que ces frais sont avancés par un autre qui ne peut être que le propriétaire. Malgré ces arguments de texte, nous pensons que l'usager peut se faire mettre en possession, soit de la chose entière, s'il doit prendre tous les fruits, soit, dans le cas contraire, d'une portion suffisante pour donner les fruits qu'exigent ses besoins et ceux de sa famille. L'usage, en effet, n'est autre chose qu'un usufruit restreint, et nous savons que le droit d'usufruit emporte le droit de posséder le fonds qui y est soumis et d'en percevoir soi-même les fruits. D'autre part, si l'usager n'avait pas le droit de jouir de la chose et de s'en faire mettre en possession, la loi ne lui imposerait pas, ce nous semble, ainsi qu'elle le fait, l'obligation de donner caution de jouir en bon père de famille et de faire dresser un état des biens sur lesquels son droit est établi (art. 626 et 627). Pourquoi ces garanties données au propriétaire, s'il est autorisé à conserver la possession du bien soumis à l'usage ? Toutefois, il faut bien, si l'usager n'a droit qu'à une petite portion des fruits, eu égard au revenu total du fonds, reconnaître qu'il appartient au juge de décider que le propriétaire cultivera le fonds, à la charge de remettre à l'usager la part qui lui revient, surtout s'il y a des inconvénients à diviser l'exploitation. En pareil cas, l'usager devrait, sans aucun doute, tenir compte des frais de culture avancés par lui, et c'est précisément à cette obligation que fait allusion, selon nous, l'art. 635. On ne peut donc pas argumenter de cet article contre notre système. De même de l'art. 630 : si cet article dispose que celui qui a son droit d'usage ne peut *exiger* des fruits qu'autant qu'il lui en faut pour ses besoins, l'art. 635 emploie une formule qui suppose, au contraire, qu'il possède le fonds : « S'il ne prend qu'une portion des fruits... » Concluons donc qu'au moins, dans la plupart des cas, l'usager a le droit de cultiver et de récolter directement sa part.

Mais devient-il propriétaire des fruits par cela seul qu'ils ont été séparés du fonds, ou ne les fait-il siens que par la consommation ? Nouvelle question controversée et qui déjà s'était élevée en droit romain. Or les art. 630 et 835, tout en limitant le droit de l'usager à ce qui lui est nécessaire pour ses besoins, n'y mettent pourtant pas cette condition qu'il aura consommé les fruits. Dès lors, il nous semble que la simple séparation suffit pour les lui faire acquérir, et que, s'il venait à mourir dans le courant de l'année, avant d'avoir absorbé sa provision, ce qui en resterait appartiendrait à ses héritiers. C'est en effet là la règle suivie en matière d'usufruit, et nous avons déjà assez répété que l'usage n'est, dans le Code, qu'une espèce d'usufruit restreint.

Il est certain cependant qu'à la différence de l'usufruitier, l'usager ne saurait louer son droit, c'est-à-dire convertir les fruits naturels qui lui sont dévolus en fruits civils (art. 631). En effet, il était impossible d'accorder à l'usager la faculté de se substituer un étranger dans l'exercice d'un droit qui a pour limites les besoins relatifs et individuels du titulaire lui-même et de sa famille. Ainsi que le dit Domat, « le droit d'usage passant à un

» autre pourrait être plus à charge ou plus incommode
» au propriétaire ». Il faut donc que l'usager cultive le
fonds par lui-même, non pas nécessairement, sans doute,
de ses propres mains, mais au moins par des ouvriers et
des gens de service à ses ordres.

En résumé, l'usager exerce son droit sur les fruits à
peu près de la même manière que l'usufruitier ordinaire.
Aussi est-il soumis aux mêmes obligations : il doit jouir
en bon père de famille et subir les contributions, les frais
de culture, les réparations d'entretien, en proportion des
fruits qu'il récolte (art. 635).

CHAPITRE TROISIÈME.

DE L'ACQUISITION DES FRUITS PAR LE FERMIER.

Le bail, cette combinaison si favorable à l'agriculture,
qui donne au propriétaire le moyen de mettre sa chose
en rapport et qui rend la terre accessible aux classes
pauvres sans bourse délier, c'est-à-dire sans capital payé,
moyennant une simple redevance annuelle, a passé du
droit romain dans notre droit. Le Code le définit : « un con-
» trat par lequel l'une des parties s'oblige à faire jouir l'autre
» d'une chose pendant un certain temps, et moyennant un
» certain prix que celle-ci s'oblige à lui payer » (art. 1709).
Mais l'art. 1743, contrairement à la loi 9, C., *De loc. et
cond.*, décide que l'acheteur doit entretenir le bail, consenti antérieurement par le vendeur. N'est-ce pas là une
preuve que le droit du fermier a subi une importante
transformation, qu'il a cessé d'être un simple *droit de*

créance pour devenir un véritable *droit réel,* à peu près analogue au droit de l'usufruitier? Nous ne le pensons pas. Pour nous, en effet, l'art. 1743 se borne à décider que l'acquéreur succédera à l'obligation *personnelle* contractée par le bailleur envers le fermier; il le met en son lieu et place; il le subroge à son obligation. L'histoire du contrat de louage explique très-bien le sens de cet article. En effet, d'après la loi 9, C., *De loc. et conduct.* elle-même, l'acquéreur ne pouvait expulser le fermier qu'autant qu'une clause de la vente ne lui aurait pas imposé l'obligation de respecter le bail... *nisi ea lege emit;* et Gaïus conseillait au vendeur d'y insérer toujours cette clause, afin de se préserver du recours en garantie de la part du fermier évincé: *alioquin prohibitus is aget cum eo ex conducto* (L. 23, § 1, *Locat. conduct.*). Aussi était-elle devenue très-fréquente et tout à fait d'usage, d'abord en droit romain, puis dans notre ancienne jurisprudence française. Qu'a fait le Code Napoléon? Dans l'intérêt du bailleur et du fermier, dans l'intérêt de l'agriculture, il a déclaré que l'obligation d'entretenir le bail serait imposée de *plein droit* à l'acquéreur, toutes les fois que le bailleur n'aurait pas stipulé le contraire dans le contrat de bail. En définitive, l'art. 1743 a eu pour but, non pas d'opérer une révolution radicale en transformant le droit du fermier en un droit réel, mais de généraliser et d'écrire dans la loi une clause depuis longtemps usitée. En définitive, le droit du fermier est resté ce qu'il était en droit romain, ce qu'il était dans notre ancienne jurisprudence, un simple *droit de créance.*

Quelle que soit d'ailleurs la nature du droit que le bail fait naître en faveur du fermier, ce qui nous importe surtout, c'est de rechercher comment ce droit s'exerce en ce qui concerne les fruits. Et d'abord comment le fer-

mier acquiert-il les fruits du fonds affermé ? Nous avons
déjà dit, à propos de l'usufruitier, que le Code a rejeté la
subtile distinction que les jurisconsultes romains avaient
établie entre la séparation proprement dite et la perception des fruits. Quiconque a droit aux fruits d'une chose
les fait siens par cela seul qu'ils ont acquis une existence
indépendante, c'est-à-dire par le seul fait de la séparation. Cette règle reçoit ici une nouvelle application. Le
fermier, quoique simple détenteur du fonds, en acquiert
les fruits aussitôt qu'ils en ont été séparés. Cette proposition n'est pas expressément consacrée par le Code ;
mais elle résulte évidemment des termes mêmes de
l'art. 1791, que nous expliquerons bientôt, et surtout de
la discussion au conseil d'État lors de l'élaboration de cet
article. C'est là une nouvelle différence avec le droit romain. Mais, comme en droit romain, le fermier doit, pendant toute la durée du bail, respecter la destination de la
chose (art. 1723), et régler sa jouissance sur celle d'un bon
père de famille (art. 1729 et suiv.). Il lui faut donc s'abstenir des moyens d'exploitation qui pourraient multiplier
actuellement les produits du fonds affermé au préjudice
des personnes qui la posséderont après lui, au préjudice
surtout du fonds. En outre, comme en droit romain, il ne
jouit qu'à la condition de payer au bailleur un prix qui
peut, du reste, consister aussi bien en une certaine quantité de denrées quelconques ou dans une portion aliquote
des fruits à naître du fonds qu'en une somme d'argent,
mais qui doit être sérieux ; car l'absence du prix fait
dégénérer le contrat de bail en une pure donation. Le
payement des fermages est d'ailleurs garanti par un privilége sur les fruits de la récolte de l'année et sur le prix
de tout ce qui garnit la ferme et de tout ce qui sert à
l'exploitation de la ferme (art. 2102-1°).

Le droit de jouir de la chose et d'en gagner les fruits est le droit fondamental du fermier, le droit qui entraîne l'obligation corrélative de payer le prix du bail. Il suit de là que, si ce droit ne peut s'exercer en tout ou en partie par l'effet d'un événement fortuit ou de force majeure, il y a nécessité d'accorder au fermier une remise totale ou partielle de son prix de bail. Ce principe, posé par les jurisconsultes romains, a été maintenu par notre ancienne jurisprudence et a été expressément consacré par le Code dans les art. 1769 et suivants. « Le bail, » a dit M. Jaubert au Corps législatif lors de la présen- » tation du titre du louage est un contrat commutatif: » la chose pour le prix. Les fruits doivent donc être » l'équivalent du prix de ferme. Ainsi, il est de l'*essence* » de ce contrat que le fermier soit dispensé de payer le » prix, si un cas fortuit le prive de toute la récolte ou de » la majeure partie. C'est aussi l'intérêt de l'agriculture. » Évidemment nous devons rechercher comment s'applique une règle qui touche de si près à l'acquisition proprement dite des fruits par le fermier.

Et d'abord il faut que la perte, pour donner lieu à une indemnité en faveur du fermier, soit d'une certaine importance. S'il n'y a qu'un léger dommage, le fermier doit le supporter sans se plaindre, ce dommage ne pouvant être considéré comme en dehors des prévisions que les parties ont dû former. Mais quelle doit être l'étendue précise de la perte? Le droit romain n'avait pas posé, à cet égard, de règle fixe; il s'en rapportait sur ce point à la sagesse du juge. Les commentateurs du droit romain essayèrent de préciser ce que les jurisconsultes romains avaient laissé dans le vague; plusieurs solutions furent proposées; mais ce furent les canonistes qui, les premiers, exigèrent que la perte excédât la moitié d'une récolte

ordinaire : *Ut non percipiatur dimidium ejus quod con-
suetum est colligi annuatim ex re locata.* Et cette règle a
passé dans le Code Napoléon, qui l'a expressément formulée dans l'art. 1769.

C'est du reste à la *quotité* des fruits et non à leur *valeur*
qu'il faut s'attacher pour évaluer la perte subie par le
fermier. Cela résulte évidemment de l'art. 1771, qui
met la perte à la charge du fermier lorsqu'elle est sur-
venue après la séparation des fruits; cela résulte surtout
du but du législateur, qui a été d'ôter aux juges le pouvoir d'appréciation qu'ils avaient autrefois en cette matière. Ainsi la vileté du prix des denrées ne peut être
d'aucune considération pour faire obtenir une remise au
fermier, encore que la récolte fût très-médiocre, pourvu
néanmoins qu'elle soit au-dessus de la moitié d'une récolte ordinaire. Par compensation, le fermier a droit
à une remise de fermage, s'il ne perçoit pas la moitié au
moins de la récolte, quelque élevé que soit d'ailleurs le
prix qu'il en retirera.

Si le bail comprend plusieurs espèces de fonds affermés pour un seul et même prix, comme un corps de mé-
tairie qui renferme ordinairement des terres, des prés et
des vignes, et que la récolte en vin, par exemple, ait été
détruite, la moisson étant déjà sauvée, la perte doit s'estimer eu égard à la totalité des produits du fonds; et si
elle est au moins de moitié, il y a lieu à une remise proportionnelle sur le prix de la ferme. Et cela, *quia totius
anni fructus unus est.* Mais si divers fonds sont affermés
par la même personne à un même fermier pour des prix
distincts et séparés, on procède pour chaque fonds comme
si ce fonds eût été seul affermé. Il y a en effet, dans un
cas de ce genre, autant de baux que de fonds, et on ne
peut raisonnablement compenser les avantages et les

pertes d'un contrat avec les avantages et les pertes d'un autre contrat.

Lorsque le bail comprend plusieurs années, le fermier n'a droit à une indemnité que si, *dans une même année,* il a éprouvé la perte d'une récolte ou de la moitié de cette récolte. Il n'aurait aucun droit si les pertes de chaque année, considérées isolément, étaient inférieures à la moitié d'une récolte et n'atteignaient cette moitié qu'en les réunissant et en les considérant d'une manière collective. Si, par exemple, le bail était de neuf ans, et que le fermier eût perdu un quart de récolte par chacune des trois dernières années, il ne lui serait pas permis d'additionner ces trois pertes pour en faire un total de trois quarts. Ce point ne peut souffrir aucune difficulté en présence des termes de l'art. 1769. Au contraire, le propriétaire pourrait repousser une demande en remise du fermier si celui-ci avait été indemnisé de la privation d'une récolte par l'excédant des récoltes ordinaires de toutes les années du bail réunies. Supposons que le fermier ait gagné sur la récolte ordinaire un huitième dans la première année, autant dans la seconde et un quart dans la troisième; on aurait à opposer le total de ces diverses fractions au chiffre des pertes données par une année. Le Code a admis, d'après les lois romaines, le principe de cette compensation entre les bonnes et les mauvaises années (art. 1769). Cette compensation est du reste parfaitement équitable. Le fermier ne peut pas dire qu'il est en perte, alors qu'il a dans les mains les bénéfices qu'ont pu lui procurer des années d'abondance extraordinaire, antérieures ou postérieures à l'année de stérilité.

Mais doit-on, pour savoir si le fermier se trouve indemnisé, prendre uniquement en considération l'excédant de récolte des bonnes années, sans avoir égard aux déficits

de moins de moitié que peuvent avoir présentés les autres
années? Quelques auteurs le prétendent. Quant à nous,
nous pensons qu'il faut défalquer de l'excédant des années abondantes le déficit, quel qu'il soit, des mauvaises
années, et n'imputer en compensation au fermier que la
différence en plus. En effet, l'art. 1769-2° exige qu'il
se fasse, à la fin du bail, une compensation de *toutes les
années de jouissance*, ce qui indique clairement que l'on ne
doit établir aucune différence entre les bonnes et les mauvaises années. De plus, pour que la réclamation du fermier soit rejetée, cet article veut qu'il ait été indemnisé
par les autres années; et il ne serait pas vrai de dire qu'il
a été indemnisé si la compensation n'était faite qu'avec
les bonnes années. Peut-être y a-t-il inconséquence à ne
tenir compte des déficits que lorsqu'il s'agit de calculer
les gains, et non lorsqu'il s'agit d'estimer les pertes; mais
s'il y a inconséquence, c'est à la loi elle-même qu'il faut
en faire le reproche.

Bien entendu, la remise n'est jamais accordée au fermier lorsque la perte des fruits arrive après qu'ils ont
été séparés de la chose frugifère. Car, dès le moment de
la séparation, le fermier a gagné les fruits, et par conséquent le bailleur ayant accompli son obligation, qui était
de faire en sorte que le fermier pût jouir, a droit au prix
en entier (art. 1771). Cependant, si le fonds faisait l'objet d'un colonage partiaire, c'est-à-dire si le bail ne donnait au propriétaire qu'une quotité de la récolte en nature, il est certain que le dommage souffert par les fruits,
après leur séparation du sol, se partagerait entre le bailleur et le fermier. Celui-ci ne serait responsable de la
perte qu'autant qu'elle serait arrivée lorsque déjà il était
en demeure de livrer au propriétaire sa part de fruits
(art. 1771 et 1138).

Nous venons de voir que la perte ne donne naissance
à une action en remise que si elle est considérable et si
elle frappe les fruits encore sur pied. Il faut ajouter que
cette perte doit résulter d'un cas fortuit, c'est-à-dire d'un
de ces événements que la prudence d'un bon père de famille
ne peut ni éviter ni prévenir, et que les parties ne pouvaient prévoir : *casus fortuitus*, dit un de nos anciens
jurisconsultes, *caret culpa*. Peu importe, du reste, que ce
cas fortuit soit ordinaire ou extraordinaire.

Le Code a, en effet, rejeté l'ancienne théorie des lois
romaines qui distinguaient suivant que le cas fortuit arrivait fréquemment ou n'arrivait que très-rarement (arg.
art. 1773). Le fermier ne serait donc pas déchu du droit
de réclamer une indemnité pour privation de moitié de
récolte causée par la grêle, le feu du ciel, la coulure, etc.

En droit romain, après avoir exposé les principes qui
régissaient l'acquisition des fruits du fonds affermé par
le fermier, nous avons essayé de donner, en quelques
mots, une idée du droit que l'emphytéote et le colon
pouvaient avoir, eux aussi, sur les fruits de la chose
d'autrui. Il est évident qu'il ne peut plus être question
aujourd'hui du colonat. Mais en est-il de même de l'emphytéose? ou bien, devons-nous encore voir dans l'emphytéote un acquéreur de fruits distinct du fermier?

Et d'abord nous n'avons plus à parler de l'emphytéose
perpétuelle; la loi des 18-29 décembre 1790 l'a formellement prohibée pour l'avenir, et il n'est pas douteux que
cette interdiction n'ait été maintenue par le Code (art. 530).
Mais cette loi a respecté l'emphytéose *temporaire*, c'est-
à-dire celle qui n'excède pas quatre-vingt-dix-neuf ans,
et si le Code n'a pas autorisé ce contrat en termes positifs,
il ne l'a pas non plus expressément défendu. De là une
grave controverse : les rédacteurs du Code ont-ils entendu

laisser à l'emphytéose temporaire le caractère de contrat particulier qu'elle avait dans l'ancien droit et que la législation intermédiaire lui avait conservé? ou bien, ont-ils voulu la confondre complétement avec le bail? Sur cette importante question, nous nous rangeons à l'opinion professée par des auteurs respectables, il est vrai, mais fort peu nombreux, et nous pensons que le silence du Code doit s'interpréter dans le sens de la suppression de l'emphytéose.

Comment, en effet, comprendre que si le mot *emphytéose* n'est pas une seule fois employé par le Code, c'est le résultat d'un oubli? Non-seulement il aurait fallu nommer l'emphytéose si on voulait la maintenir, mais il eût été nécessaire de la régler, beaucoup plus nécessaire encore que pour l'usufruit, dont pourtant le Code a longuement déterminé le caractère et les effets; car pour l'emphytéose tout était équivoque et controversé. Etait-ce un droit de propriété? Était-ce un droit de propriété utile? L'emphytéote pouvait-il changer la forme du fonds, ouvrir les carrières, abattre des bois de haute futaie non aménagées? Était-il déchu pour défaut de payement de la redevance, et dans quel cas? etc. Sur tous ces points, l'ancienne jurisprudence et la doctrine étaient remplies d'incertitudes. A chaque pas, on rencontrait des questions controversées. Si on voulait conserver l'emphytéose, ne fallait-il pas faire disparaître toutes ces incertitudes, trancher toutes ces questions controversées?

On prétend que les rédacteurs du Code ont involontairement oublié l'emphytéose. Mais cet oubli est bien étrange quand on voit ces rédacteurs copier l'art. 2148 dans les lois hypothécaires immédiatement antérieures, celle du 9 messidor an III et celle du 11 brumaire an VII

13

et ne retrancher qu'un mot au texte de ces lois, le mot d'emphytéose.

Que répondra-t-on d'ailleurs aux paroles mêmes des rédacteurs du Code, notamment à ce qu'a dit M. Treilhard dans l'exposé des motifs du titre de la distinction des biens : « Les *seules* modifications dont les propriétés soient » susceptibles dans notre organisation politique et sociale » sont celles-ci : ou l'on a une propriété pleine et entière, » qui renferme également le droit de jouir et le droit de » disposer; ou l'on n'a qu'un simple droit de jouissance » sans pouvoir disposer du fonds; ou enfin on n'a que » des services fonciers à prétendre sur la propriété d'un » tiers, services qui ne peuvent être établis que pour » l'usage et l'utilité d'un autre héritage, services qui » n'entraînent aucun assujettissement de la personne, » services enfin qui n'ont rien de commun avec les dé- » pendances féodales, brisées pour toujours. » Et plus tard, au moment où le conseil d'État s'occupait de l'art. 2118, M. Tronchet, interpellé précisément en ce qui concerne l'emphytéose, répondit par cette déclara- tion : « Que maintenant elle n'aurait plus d'objet, qu'il était inutile de s'en occuper. »

Nous croyons donc fermement, contrairement à la ju- risprudence et à la majorité des auteurs, que le Code a rejeté l'emphytéose, et qu'une convention faite aujour- d'hui dans le but de créer un droit d'emphytéose devrait être ramenée à un simple bail à long terme.

Ce que nous venons de dire à ce sujet, nous l'appli- querons *a fortiori* à toutes ces formes d'exploitation du sol, usitées avant 1789, et qui donnaient à l'exploitant un droit réel et perpétuel en même temps qu'elles l'obli- geaient à conserver au fonds sa destination et à ne pas y introduire de nouvelles cultures. Perpétuité et immobi-

lité, tels étaient les caractères communs à ces diverses
exploitations, caractères incompatibles avec tout progrès
agricole. Aussi ces formes étaient-elles hautement con-
damnées par les économistes et les agronomes du dix-
huitième siècle; ils étaient unanimes pour en demander
la suppression. Elle leur fut accordée, au moins en grande
partie, dans la fameuse nuit du 4 août 1789. Tous les
droits réels sur les immeubles, qui avaient un caractère
féodal et seigneurial, furent abolis. Les autres, quoique
d'abord respectés, devinrent, durant la période intermédiaire, l'objet de nombreuses lois qui en réglèrent, ou plutôt,
en restreignirent l'étendue. « L'objet de la révolution, a
» dit avec raison M. Laferrière, fut, dans l'ordre de la
» propriété territoriale, d'affranchir le sol, de le diviser
» et d'en faciliter la transmission. » Arrive le Code, et il
ne fait aucune mention de ces formes d'exploitation. Si
on se rappelle que les rédacteurs de ce Code étaient les
adversaires déclarés de tout ce qui touchait de près ou de
loin à la féodalité, si on se souvient des paroles de
M. Treilhard que nous avons citées à propos de l'emphytéose, il faut évidemment admettre que le silence du législateur a eu pour effet d'abolir complétement ces diverses
formes d'exploitation. En conséquence, de deux choses
l'une : ou la convention est telle qu'il en résulte que les
parties ont entendu transférer la propriété de l'immeuble
à la charge d'une certaine redevance; et alors cette redevance constitue une créance mobilière, essentiellement
rachetable, aux termes de l'art. 530; ou, au contraire, il
résulte de la convention que les parties n'ont pas voulu
opérer de translation de propriété; et alors cette convention ne constitue qu'un bail d'une durée plus longue que
les baux ordinaires, un droit purement personnel et
mobilier, soumis à toutes les règles du contrat de louage.

13.

CHAPITRE QUATRIÈME.

DE L'ACQUISITION DES FRUITS PAR LE CRÉANCIER GAGISTE.

Les rédacteurs du Code ont cru devoir, à la différence des jurisconsultes romains, attacher des effets particuliers au contrat de gage, suivant qu'il porte sur des meubles ou sur des immeubles. Il leur a fallu, en conséquence, chercher des noms spéciaux pour désigner le nantissement mobilier et le nantissement immobilier. Au premier, ils ont réservé le nom de *gage;* le second, ils l'ont appelé *antichrèse,* c'est-à-dire qu'ils ont pris le nom que les jurisconsultes romains avaient donné à ce pacte qui, réglant, ainsi que nous l'avons vu, le droit du créancier sur les fruits de la chose engagée, intervenait surtout à l'occasion des immeubles (art. 2072). Du reste, malgré les différences que le Code a établies entre le droit du créancier gagiste proprement dit et celui du créancier antichrésiste, le principe, en ce qui touche les fruits, reste le même qu'en droit romain pour l'un et pour l'autre. Le créancier perçoit les fruits de la chose donnée en nantissement, car il est censé avoir reçu mandat du débiteur à cet effet; il peut même se les approprier, mais à condition de les imputer annuellement sur les intérêts, s'il lui en est dû, et ensuite sur le capital de la créance, si la créance n'est pas productive d'intérêts (art. 2084 et 2085); car le contrat de nantissement, qu'il porte sur des meubles ou sur des immeubles, ne doit être pour le créancier qu'une sûreté et ne peut devenir, en ce qui le concerne, une cause de gain.

Telle est la règle générale en matière de gage. Mais, pour éviter les redditions de comptes, les parties peuvent

faire un forfait et stipuler que les intérêts de la créance
se compenseront avec les fruits, soit en totalité, soit
jusqu'à une certaine concurrence. Cette convention, qui
aujourd'hui n'a pas de nom particulier, n'est autre
chose que l'antichrèse du droit romain ; elle est expressément autorisée par l'art. 2089.

Toutefois il faut remarquer que, malgré une convention de ce genre, si les fruits surpassaient visiblement l'intérêt du capital prêté, tel que le taux en est réglé par la
loi du 3 septembre 1807, l'excédant devrait être imputé
sur le capital lui-même. On ne conçoit pas en effet que la
loi puisse autoriser, par voie indirecte et détournée, la
perception d'un intérêt excédant visiblement le taux
qu'elle a elle-même fixé avec prohibition de le dépasser.

Nous disons *excédant visiblement,* car il ne faut pas
perdre de vue qu'une convention faite à prix fixe sur une
perception de fruits est toujours compliquée de chances
aléatoires, soit sur l'estimation des fruits, dont le prix
varie sans cesse, soit sur le montant du produit du fonds,
qui peut être abondant, médiocre ou nul, suivant les saisons; d'où il résulte qu'on ne doit pas procéder ici d'a-
près une estimation trop rigoureuse. Mais si, toutes
chances calculées, il était reconnu que le revenu annuel et
net d'une chose dût excéder l'intérêt du capital prêté, il
faudrait bien céder à l'évidence et venir au secours du
débiteur.

Quant à la manière dont s'exerce le droit du créancier
sur les fruits, aucune difficulté ne peut s'élever. Il est certain en effet que le créancier, comme toute personne qui
a la jouissance du bien d'autrui, doit jouir en bon père de
famille et respecter le mode d'exploitation établi par son
auteur. Pourvu qu'il satisfasse à cette obligation, il a, du
reste, le droit d'employer tous les moyens de mise en

valeur qui sont approuvés par une bonne administration, et notamment il peut affermer la chose afin d'en tirer des fruits civils au lieu de fruits naturels.

Remarquons aussi qu'il ne jouit des fruits qu'à la condition d'acquitter toutes les charges dites *charges de fruits,* impôts, charges annuelles, réparations d'entretien, etc. (art. 2089). Toutefois ce n'est là qu'une avance qu'il est censé faire, avance qu'il peut répéter contre le débiteur; car il faut qu'il soit entièrement payé de sa créance, tant en intérêts qu'en capital. Il n'en serait autrement que s'il était intervenu entre les parties une sorte de traité à forfait.

En principe, le créancier, une fois nanti, conserve la jouissance de la chose donnée en nantissement jusqu'à ce qu'il soit complétement désintéressé (art. 2082 et 2087). Rien de plus juste, rien de plus conforme à l'intention des parties. Cependant beaucoup d'auteurs, en faisant remarquer que le créancier antichrésiste, à la différence du créancier gagiste proprement dit, n'a aucun droit réel sur la chose même qu'il détient, soutiennent que l'antichrèse ne peut jamais préjudicier aux tiers, et qu'en conséquence un tiers acquéreur ou des créanciers hypothécaires, dont les hypothèques ne seraient devenues efficaces que postérieurement à la convention, auraient le droit d'arrêter la jouissance de l'antichrésiste sans acquitter la dette. Nous ne pouvons adopter une telle opinion; elle nous semble par trop contraire à la règle : *Nemo plus juris in alium transferre potest quam ipse habet;* elle fournit au débiteur un moyen trop facile d'anéantir les effets de l'antichrèse, malgré le caractère de nantissement que la loi a attaché à ce contrat. On ne niera pas sans doute que l'antichrésiste n'ait un droit de rétention, car l'art. 2087 lui reconnaît expressément ce droit. Eh bien, à moins de vouloir rendre ce droit à peu près inutile, il faut laisser à l'antichrésiste le droit de le faire valoir aussi bien contre les tiers qui n'ont acquis des droits sur la chose que postérieurement à la convention intervenue entre lui et le débiteur, que contre le débiteur lui-même. Tout ce que nous accordons à nos adversaires, c'est que si l'antichrésiste poursuit lui-même l'expropriation de l'immeuble engagé, il peut être considéré, par le seul fait de sa demande, comme ayant renoncé à son droit de rétention, nul ne pouvant vendre et retenir tout à la fois la même chose. Il rentre en cas pareil dans la classe des simples créanciers chirographaires, car il n'a aucun privilége sur le fonds lui-même, à la différence du créancier gagiste proprement dit.

CHAPITRE CINQUIÈME.

DES EFFETS DE L'ABSENCE EN CE QUI CONCERNE L'ACQUISITION DES FRUITS.

Ce qui caractérise l'absence, c'est l'incertitude qui règne sur l'existence de l'absent; ni sa vie, ni sa mort ne sont prouvées. Deux présomptions contraires sont en présence : la présomption de vie, fondée sur ce que le décès n'est pas légalement établi, et la présomption de mort, fondée sur le défaut absolu de nouvelles. Or il est certain que, l'absence se prolongeant, la présomption de vie s'affaiblit, tandis que la présomption de mort se fortifie. La question que nous nous proposons de traiter dans ce chapitre est celle de savoir si les chances diverses que

présente cette lutte entre deux présomptions ont quelque
influence sur le droit aux fruits que l'absent peut tenir de
son titre de propriétaire, d'usufruitier, d'époux, etc...
Nous devons, comme le Code lui-même, distinguer entre
trois époques : pendant la première époque, dite *période
de présomption d'absence*, la présomption de vie prédomine : l'absent est réputé plutôt vivant que mort; dans la
seconde, dite *période d'envoi en possession provisoire*, la
présomption de mort commence à prévaloir; dans la troisième, dite *période d'envoi en possession définitive*, cette
présomption l'emporte et triomphe décidément. Les règles
à appliquer varient avec ces périodes, en ce sens que le
respect dû aux divers droits de l'absent est de moins en
moins observé, à mesure que l'on passe d'une période à
l'autre.

§ Iᵉʳ. *Période de présomption d'absence.*

Cette période commence avec l'incertitude même sur
l'existence de l'absent. Pendant tout le temps qu'elle
dure, la loi suppose plutôt la vie que la mort. Elle permet bien que l'on prenne les mesures propres à assurer
la conservation du patrimoine de l'absent ; mais l'administration qu'elle autorise ainsi doit être faite au nom de
l'absent et dans son seul intérêt. Tous ses droits, et notamment les divers droits aux fruits qu'il pouvait avoir,
sont donc maintenus. Par conséquent, il faut tenir en
réserve tous les fruits produits pendant cette période, afin
de les restituer à l'absent s'il reparaît, et à ses divers successeurs si on acquiert la preuve de sa mort.

Cette règle s'appliquera alors même que le droit en
vertu duquel l'absent pouvait acquérir les fruits serait un
droit subordonné à la condition de son décès. Par exemple, si lors de sa disparition il était revêtu d'un droit

d'usufruit, son fondé de pouvoir, son curateur ou ses créanciers devraient être admis, pendant la présomption d'absence, à en percevoir les émoluments, tant que le propriétaire du fonds ne prouverait pas la mort de l'absent; parce qu'ayant été mis en possession et saisi du droit de jouir, celui-ci doit être maintenu dans son droit, jusqu'à ce qu'il soit prouvé que la condition du décès est arrivée. Ce n'est là qu'une application du principe général en vertu duquel tout demandeur doit prouver le fait qui sert de fondement à sa prétention (art. 1315). Or, s'il y a, pendant la période de présomption d'absence, incertitude sur l'existence, le décès n'est nullement certain, et la loi elle-même suppose plutôt la vie que la mort.

Ainsi, celui qui réclame un droit subordonné au décès de l'absent est obligé de prouver qu'en fait l'absent est décédé. Par compensation, quiconque réclame un droit subordonné à l'existence de l'absent doit prouver qu'en fait l'absent existe. Le Code le dit lui-même en termes exprès dans l'art. 135. De là il résulte que le représentant de l'absent ne pourrait prétendre exercer en son nom un droit aux fruits qui se serait ouvert depuis la disparition. Par exemple, si une succession, à laquelle serait appelé un présumé absent, venait à s'ouvrir alors que déjà l'existence serait incertaine, elle serait exclusivement dévolue à ceux avec lesquels il aurait eu le droit de concourir, ou à ceux qui l'auraient recueillie à son défaut; et ces personnes seules prendraient les fruits (art. 136). En effet, pour succéder, il faut survivre au défunt, et précisément, l'existence de l'absent est incertaine. De même au cas de legs, nous laisserions à l'héritier tous les fruits de la chose léguée, si le testateur était mort depuis la disparition du légataire, etc.

Quelques auteurs font remarquer que ce système de

rigueur contre le présumé absent peut être d'une injustice extrême; car il en résulterait notamment que si une succession était ouverte le lendemain d'un embarquement ou d'un départ pour l'armée, les autres héritiers excluraient l'appelé en méconnaissant son existence, et gagneraient les fruits perçus jusqu'à son retour ou jusqu'à la réception de ses nouvelles. Mais on oublie la différence qui sépare le *non-présent* du *présumé absent;* on oublie que les tribunaux ont toujours le droit de décider si les héritiers présents sont ou non fondés à méconnaître l'existence de celui qui n'est pas sur les lieux; on oublie enfin qu'en cas pareil les héritiers pourraient être traités comme des possesseurs de mauvaise foi. Et, du reste, ces inconvénients fussent-ils aussi considérables qu'on veut bien le dire, il n'en faudrait pas moins appliquer le *texte* de la loi et les *principes* généraux du droit. Le *texte :* l'art. 135 porte en effet : « Quiconque réclamera un droit » échu à un individu dont l'existence ne sera pas reconnue » devra prouver que ledit individu existait quand le droit » a été ouvert. » Or l'existence du présumé absent n'est pas reconnue : elle est déjà incertaine; donc l'art. 135 lui est applicable, et cet argument est d'autant plus décisif que cette périphrase a été mise à dessein pour remplacer le mot *absent* qui se trouvait dans le projet. Les *principes :* en effet, celui qui prétend que le présumé absent existait encore, lorsque le droit s'est ouvert, affirme un fait dont la vérité est indispensable pour que son action soit fondée; donc c'est à lui, demandeur, à lui qui affirme, que doit être imposée l'obligation de la preuve.

Ainsi, et d'après ce que nous venons de dire, nous pouvons poser comme règle générale que pendant la période de la présomption d'absence, les représentants de l'absent n'exercent qu'en son nom les divers droits aux

fruits, dont celui-ci était déjà revêtu lors de la disparition, et qu'ils ne peuvent en aucune manière exercer
ceux qui ne sont ouverts qu'après cette époque.

§ II. *Période de l'envoi en possession provisoire.*

Tant qu'on pouvait espérer le retour prochain de l'absent, il suffisait de pourvoir aux actes de première nécessité ; mais, quand l'absence se prolonge assez pour donner
lieu à un jugement en déclaration d'absence, l'intérêt
même de l'absent exige qu'il soit pris une mesure générale pour l'administration de ses biens, qui ne peut être
mieux confiée qu'aux personnes ... plus intéressées à
leur conservation et à leur améli...ation. De là l'envoi en
possession provisoire des héritiers présomptifs, qui entraîne à sa suite l'exercice provisoire de tous les droits
subordonnés au décès (art. 120 et 123). Toutefois,
quoique l'absence prolongée permette de supposer la
mort à partir du dernier signe de vie, l'époux commun
en biens peut, en s'appuyant sur la supposition encore
possible de vie, faire continuer la communauté que la
mort seule devait dissoudre, et arrêter ainsi l'envoi en
possession des biens de l'absent (art. 124). De là il résulte qu'il faut toujours distinguer avec soin deux cas,
lorsqu'on cherche à déterminer les effets de l'absence
pendant la seconde période : le cas où les héritiers ont
été envoyés en possession, et celui où l'époux a opté
pour la continuation de la communauté. Nous conformant à cette règle, nous supposerons d'abord qu'il y a
eu envoi en possession provisoire.

1° Envoi en possession provisoire.

L'envoi en possession provisoire qui suit le jugement

de déclaration d'absence présente l'image d'une sorte d'ouverture de la succession de l'absent. Tous les droits que le décès prouvé ouvrirait d'une manière définitive, l'absence déclarée les ouvre provisoirement. En conséquence, les héritiers présomptifs de l'absent lors de sa disparition obtiennent la possession de leurs parts héréditaires; le légataire, la possession de la chose léguée; le donataire des biens à venir, la possession des biens donnés. Il faut adopter une décision analogue à l'égard du donateur, avec stipulation du droit de retour, de l'appelé à la substitution, du nu-propriétaire du fonds dont l'absent avait l'usufruit. En un mot, dit l'art. 123, « tous ceux qui » avaient sur les biens de l'absent des droits subordonnés » à la condition de son décès peuvent les exercer provi- » soirement ».

Mais l'envoi en possession ne confère aucun droit; des envoyés sont de *simples dépositaires* (art. 125), ou, pour mieux dire, de *simples administrateurs comptables*. Il en résulte que les différents fruits auxquels l'absent pouvait avoir droit doivent toujours être perçus en son nom comme pendant la période de présomption d'absence. Il faut les capitaliser et les lui restituer, s'il se représente. Tel est en effet le principe. Mais l'art. 127 y apporte une remarquable dérogation; car, aux termes de cet article, les envoyés peuvent, suivant que l'absence s'est plus ou moins prolongée, s'approprier une part plus ou moins forte, ou même la totalité des fruits perçus sur les biens dont ils ont obtenu la possession. A cet égard, on distingue suivant que l'absent reparaît avant quinze ans depuis la disparition; après ces quinze ans; ou après trente ans d'absence. Au premier cas, les envoyés lui restituent un quinzième; au second, un dixième; au dernier, ils ne lui rendent rien.

Remarquons que l'art. 127 ne prévoit que le retour de l'absent. Mais il est clair que cet article reste applicable au cas de mort prouvée, lorsque, par événement, les envoyés ne se trouveront pas être les héritiers véritables.

Avant de développer la règle ainsi posée par l'article 127, il est essentiel de rechercher pourquoi et à quel titre les envoyés provisoires peuvent retenir les fruits, car la solution de plusieurs difficultés importantes dépend de cette première question.

Nous le reconnaissons : le législateur a voulu convier les envoyés à se charger d'un fardeau qu'ils pouvaient ne pas prendre; il a voulu aussi imposer un salaire à l'absent envers ceux à qui il laissait par négligence l'administration de ces biens. Mais ces idées sont-elles les seules qui l'aient poussé à édicter l'art. 127? Nous ne pouvons l'admettre. Qu'est-ce, en effet, que cette indemnité qui s'accroît graduellement, alors cependant que les charges restent les mêmes? Qu'est-ce que ce salaire qui peut absorber la totalité des revenus? Outre les deux motifs que nous venons d'indiquer, le législateur en a eu, ce nous semble, un troisième pour dispenser les envoyés de restituer tout ou partie des fruits. Ces envoyés ne sont pas, il est vrai, de véritables possesseurs de bonne foi, car ils savent que, peut-être, ils auront à restituer le patrimoine qu'ils administrent; mais après que l'absence a duré plusieurs années, la réalisation de ce *peut-être* est si peu probable, qu'ils finissent par l'oublier; la force même de leur situation les porte à se croire définitivement propriétaires; ils montent leur maison sous l'empire de cette idée; les fruits qu'ils perçoivent, ils les consomment jour par jour, *lautius vivendo*. Ce serait donc les appauvrir eux-mêmes et peut-être les ruiner que de les forcer

à restituer, après plusieurs années, la masse des fruits
qu'ils ont dépensés. Le législateur a voulu éviter ce danger, et c'est principalement dans ce but qu'il a édicté
l'art. 127. On ne peut se rendre compte que de cette
manière de l'augmentation graduelle que reçoit le droit
aux fruits reconnu par cet article. Pendant les premières
années de l'envoi en possession, les envoyés n'ont pas
encore de graves motifs pour supposer l'absent plutôt
mort que vivant, et pour se convaincre qu'ils resteront
propriétaires. On ne leur accorde dès lors que les quatre
cinquièmes des fruits. Mais, plus l'absence se prolonge,
plus ils sont fondés à se croire propriétaires, plus ils se
rapprochent de la condition de véritables possesseurs de
bonne foi. Aussi leur laisse-t-on d'abord les neuf dixièmes
des fruits, puis la totalité. Disons donc que l'art. 127 est
fondé non-seulement sur le désir d'encourager les envoyés en possession et de les récompenser de leurs soins,
mais aussi et principalement sur le même motif qui a fait
accorder au possesseur de bonne foi les fruits par lui
perçus sur la chose d'autrui. Voici de suite un exemple
qui fera comprendre toute l'importance de cette explication. L'absent reparaît la veille de la récolte. Les envoyés
ont cultivé, labouré et ensemencé la terre; les fruits sont
là, sur pied, pendants par branches ou par racines. En
pareil cas, les envoyés peuvent-ils invoquer l'art. 127, et
réclamer soit une partie, soit la totalité de ces fruits,
suivant l'époque à laquelle l'absent reparaît? D'après les
auteurs qui font des fruits la récompense de leurs soins et
de leurs travaux, il faut appliquer ici les règles du régime
dotal, c'est-à-dire faire une première division de ces
fruits en proportion du temps qu'a duré l'envoi provisoire pendant la dernière année, et prélever ensuite sur
la part attribuée aux envoyés le cinquième ou le dixième,

selon les distinctions établies par le Code. Pour nous, nous devons décider que l'absent de retour prendra toute la récolte sur pied, sous la seule déduction des frais de culture. En effet, dans notre opinion, le législateur a surtout voulu que les envoyés ne fussent pas constitués en perte, et c'est dans ce but qu'il les a dispensés de rendre un compte de ces fruits qu'ils ont dû être si naturellement portés à consommer. Mais quand les fruits eux-mêmes sont là, quand il est certain que les envoyés ne souffriront aucun préjudice, pourquoi la loi leur donnerait-elle ces fruits? Pourquoi les traiterait-elle mieux sur ce point que les véritables possesseurs de bonne foi, si dignes de faveur cependant? Nous reconnaissons donc qu'il y a dans le droit des envoyés quelque chose d'aléatoire. L'absent reviendrait le lendemain de la récolte faite par eux, qu'ils auraient droit à la part de fruits déterminée par l'art. 127. Réciproquement, ils n'y auront aucun droit si l'absent, au contraire, revient la veille de la récolte. En d'autres termes, c'est par la seule séparation que les envoyés en possession provisoire acquièrent les fruits auxquels ils ont droit.

Cette décision est, du reste, commandée par les termes mêmes de la loi, ce qui nous prouve que nous avons donné la vraie explication de l'art. 127. En effet, d'après cet article même : « Ceux qui, par suite de l'envoi » provisoire, auront joui des biens de l'absent, ne seront » *tenus de lui rendre* que le cinquième, etc. » Ainsi on les suppose nantis, on suppose les fruits perçus; on permet seulement de les conserver, de ne pas les rendre; donc il faut que les envoyés les aient déjà recueillis. Par conséquent, l'absent de retour reprend son immeuble tel qu'il est, et ne doit rien des fruits qui s'y trouvent pendants.

Nous admettons que tous les fruits produits durant

l'absence aient été perçus, et demandons-nous quelle portion les envoyés en possession peuvent en retenir. Nous avons déjà dit que la loi distingue à cet égard trois époques : 1° l'absent reparaît-il avant quinze ans révolus depuis sa disparition? les envoyés ne sont tenus de lui rendre que le cinquième; 2° après quinze ans? que le dixième; 3° après trente ans d'absence? ils ne sont plus tenus à aucune restitution de fruits. En vain objecterait-on que les envoyés ont dû réserver, pendant la première époque, un cinquième, et pendant la seconde, un dixième de fruits; et que ces fruits, ainsi réservés à l'absent, faisant partie de son patrimoine, doivent, dans tous les cas, lui être restitués. La loi n'a pas procédé, en matière de restitution de fruits, avec cette rigoureuse logique. Après tout, l'absent qui revient si tard n'a pas à se plaindre quand il retrouve le fonds de son patrimoine parfaitement conservé.

Remarquons cependant que les envoyés n'ont aucun droit sur les fruits perçus pendant la présomption d'absence; car ces fruits leur ayant été remis comme un capital accessoire, comme une sorte de dépendance du fonds dont l'envoi en possession leur était accordé, doivent être restitués à l'absent avec les autres capitaux. D'ailleurs, pendant cette période, les envoyés n'ont pas possédé, n'ont point administré, et l'art. 127 ne leur attribue une part des fruits que par suite de leur possession et de leur administration. En réalité, ce n'est que sur les fruits perçus depuis la déclaration d'absence qu'ils peuvent exercer une retenue.

Ajoutons aussi que les envoyés, prenant une part aliquote des fruits, doivent supporter une part proportionnelle des charges dites *charges de fruits;* car les revenus passifs diminuent d'autant les revenus actifs.

Cela posé, déterminons le point de départ des trois époques que l'art. 127 a distinguées. Les deux premières commencent à dater du *jour de la disparition;* point de difficulté à cet égard (art. 127). Mais la troisième? Le texte dit qu'après trente ans d'*absence* la totalité des revenus appartiendra aux envoyés. Est-ce d'absence effective à compter du jour de la disparition, ou bien d'absence déclarée, à ne compter dès lors que du jour du jugement qui la prononce? Il est infiniment probable que le législateur n'a pas employé ici le mot *absence* dans son acception spéciale et restreinte, et qu'il a entendu donner aux trois époques un même point de départ, la disparition de l'absent. De cette manière, la période de trente ans, qui suit la disparition, se trouve partagée en deux espaces égaux de quinze ans chacun; ce qui semble assez naturel. Entendue autrement, la disposition qui accorde la totalité des fruits après trente ans serait presque sans objet, puisqu'elle ne deviendrait applicable qu'au moment où l'envoi en possession définitif peut être obtenu (art. 129).

Telles sont les règles d'après lesquelles on doit appliquer l'art. 127 dans les rapports des envoyés avec l'absent. Mais le droit aux fruits établi par cet article au profit des envoyés ne leur est-il acquis que vis-à-vis de l'absent, et non vis-à-vis des tiers? Question importante et qui peut s'élever notamment dans le cas suivant : Il arrive souvent, lorsque l'absent laisse plusieurs héritiers présomptifs, que les uns demeurent inactifs, tandis que les autres se font envoyer en possession provisoire. Dans ces circonstances, les héritiers gagnés de vitesse ont bien évidemment une action contre leurs cohéritiers, à l'effet d'obtenir d'eux de participer aux bénéfices de l'envoi en possession. On comprend que, lorsqu'ils exerceront leur action, il y aura lieu de se demander s'ils doivent être

admis au partage de tous les fruits perçus antérieurement; ou si leurs cohéritiers peuvent invoquer contre eux
l'art. 127, et garder tout ou partie de ces fruits, suivant
les cas. D'après nous, les personnes qui, pouvant se faire
envoyer en possession avec d'autres, ont gardé le silence
et se sont affranchies ainsi des soins et des embarras de
l'administration, ne peuvent venir réclamer leur part
dans les fruits réservés par l'art. 127 aux envoyés en
possession. Ne pas laisser ces fruits à ceux qui, en fait,
ont cultivé les biens, ce serait violer le principe : *Ubi est
onus, ibi emolumentum esse debet.* Cependant, nous ne
devons pas oublier que nous avons considéré l'attribution
des fruits aux envoyés en possession non-seulement
comme le prix de leurs soins et de leur administration,
mais encore et surtout comme un effet de leur possession
de bonne foi. Aussi pensons-nous que les envoyés devraient le rapport des fruits à leurs cohéritiers, si, en
fait, ils avaient été de mauvaise foi à leur égard. Mais,
sauf ce cas, ils gardent la part que leur concède l'art. 127
sur les fruits qu'ils ont perçus avant la demande, et n'en
doivent aucun compte à ceux qui réclament leur envoi en
possession après coup. Du reste, il n'est pas douteux
qu'ils soient obligés d'admettre ceux-ci au partage des
fruits qui seraient perçus à dater de la demande.

La même question se présente lorsque des héritiers ont
obtenu l'envoi en possession au détriment, non pas d'héritiers au même degré, mais d'héritiers à un degré plus
rapproché. Nous donnerons une décision analogue : les
envoyés en possession ne seront soumis à aucune restitution envers ceux qui les évinceront.

2° Administration de l'époux commun en biens.

En principe, l'époux présent ne peut mettre obstacle

à la déclaration d'absence de l'époux absent, demandée
par ceux qui y ont intérêt, et il n'a d'autre droit que
celui de demander l'envoi en possession des biens qui lui
auraient été acquis, si le mariage eût été réellement dissous le jour même de la disparition de son conjoint. Mais
la loi, accordant une faveur toute spéciale à l'époux
commun en biens, lui permet d'empêcher l'exercice de
tous les droits subordonnés à la condition du décès de
l'absent, en optant pour la continuation de la communauté (art. 1°' Si on use de cette faculté, l'absent cesse
d'être présumé mort, et cela, non-seulement vis-à-vis de
ses héritiers présomptifs et de ses légataires, mais aussi
vis-à-vis de ceux qui lui ont fait des donations avec clause
de retour ou qui ont sur ses biens un droit de nu-propriété. L'époux présent *prend* ou *conserve* l'administration
de tout le patrimoine de son conjoint et exerce tous les
droits aux fruits qui appartenaient soit à la communauté, soit à l'absent lui-même. Tout cela est parfaitement certain. Reste à savoir si tous les fruits perçus dans
ces conditions devront être restitués, sans que l'époux
présent puisse en retenir la moindre part, lorsque l'absent
sera de retour ou que la continuation provisoire de la
communauté viendra à cesser.

Supposons d'abord que l'absent reparaisse. Ici une
grave difficulté se présente. En effet, d'une part, on voit
l'art. 127 placer sur la même ligne que les envoyés auxquels il attribue une portion des fruits « ceux qui par
» suite de l'administration légale auront joui des biens
» de l'absent »; et il résulte clairement des observations
du tribunat sur les art. 127 et 129 que sous cette dénomination d'*administration légale*, on a voulu désigner la
jouissance accordée à l'époux présent par suite de la continuation de la communauté. Il semble donc que cet époux

a le droit d'exercer contre son conjoint de retour la retenue des quatre cinquièmes, des neuf dixièmes ou de la totalité des fruits, suivant l'époque à laquelle celui-ci reparaît. D'autre part, on sait qu'aux termes de l'art. 1401 le mobilier acquis par les époux, à quelque titre que ce soit, pendant le mariage, tombe dans la communauté. D'où il semble résulter que l'époux ne reçoit d'une main une part de fruits que pour la restituer de l'autre, en les versant dans la communauté. Cette difficulté de concilier l'art. 127 avec les principes de la communauté a vivement préoccupé les jurisconsultes et donné lieu à divers systèmes.

Quant à nous, nous pensons que l'art. 127 n'est susceptible d'aucune application, lorsque l'absent reparaît, au moins quant aux fruits qui, d'après l'art. 1401, auraient dû tomber d[e] la communauté, si rien d'anormal ne s'était produit. Remarquons, en effet, que l'art. 127 suppose que les fruits ont été perçus et acquis par une personne et devraient être *rendus* à une autre personne; or, dans le cas de continuation de la communauté, ce n'est pas, à vrai dire, l'époux présent lui-même et personnellement qui perçoit et qui acquiert les fruits, c'est la communauté; donc il n'y a lieu, en ce cas, à aucune restitution par l'un, à aucune réception par l'autre; donc l'art. 127 qui règle une hypothèse de restitution n'est pas applicable. Il n'en pourrait être autrement que s'il s'agissait de fruits produits par des biens dont la jouissance aurait été exclue de la communauté. Alors il y aurait lieu à une véritable restitution. En cas pareil, l'époux présent pourra donc invoquer l'art. 127 et augmenter, non pas son patrimoine personnel, mais le patrimoine de la communauté (art. 1401) des retenues que cet article autorise. Tel est, selon nous, le seul système logique et satisfaisant; c'est, du reste, celui qui tend à prévaloir.

Si maintenant nous supposons que la continuation provisoire de la communauté vienne à cesser, une autre difficulté du même genre se présente. La communauté continuée se dissout par la mort de l'époux présent, par le décès de l'absent, quand il vient à être prouvé, par l'envoi en possession définitif. Elle peut aussi se dissoudre lorsque l'époux présent rétracte son option primitive. Dans ces divers cas, il y a lieu de se demander si l'art. 127 s'appliquera dans les rapports de l'époux présent ou de ses ayants cause avec ceux qui réclameront les biens de l'absent. D'après la rigueur des principes, il semble qu'on doive laisser de côté cet article. En effet, lorsque la date du décès de l'absent est rapportée, la communauté a été réellement dissoute du jour de son décès; dans le cas contraire, on doit la réputer dissoute du jour de la disparition ou des dernières nouvelles. Or, depuis la dissolution réelle ou présumée, ce sont les héritiers véritables ou présomptifs qui ont été ou sont censés avoir été propriétaires des biens de l'absent; à eux seuls donc sembleraient appartenir les fruits produits depuis. Cependant nous ne pensons pas qu'il en soit ainsi. Nous l'avons déjà dit, l'art. 127 a assimilé à un envoyé en possession l'époux présent qui a opté pour la continuation de la communauté. Il lui a donc par là donné le droit de retenir, comme l'envoyé lui-même, tout ou partie des fruits, suivant l'époque à laquelle la restitution des biens de l'absent sera faite. En conséquence, nous lui reconnaissons le droit de prendre les quatre cinquièmes, les neuf dixièmes, ou la totalité des fruits, suivant que cette restitution sera faite avant quinze ans, après quinze ans, ou après trente ans d'absence. Toutefois, nous ferons remarquer que si la communauté est dissoute par le décès prouvé de l'absent postérieurement à l'option, les fruits perçus jusqu'à cette époque pourront bien être retenus, mais devront entrer dans la caisse commune pour être partagés entre les divers ayants droit.

En assimilant l'époux présent à l'envoyé en possession provisoire, nous n'avons fait que nous conformer à la loi. Nous ne pouvons cependant nous dissimuler ce qu'il y a de peu logique en même temps que de peu équitable dans cette assimilation. Que l'envoyé en possession obtienne une portion de fruits de plus en plus considérable, à mesure que l'absence se prolonge, on le conçoit facilement. Appelé par la loi à exercer des droits subordonnés à la condition du décès de l'absent, il peut considérer ce décès comme d'autant plus vraisemblable que l'absence sans nouvelles a duré plus de temps, et consommer les fruits en conséquence. Mais telle n'est pas assurément la position de l'époux administrateur légal; il n'y a pas pour lui d'illusion possible, et sa position est telle qu'à son égard la portion des fruits dont la loi autorise la retenue semblerait devoir diminuer par les mêmes causes qui la font augmenter pour l'envoyé. Il sait très-bien, en effet, que dans cette communauté dont il s'est constitué l'administrateur, il y a une portion qui ne lui appartient pas et qui ne doit pas lui appartenir; il sait que cette portion appartient à d'autres qui auraient fait valoir leurs droits, s'il n'en eût, lui personnellement, suspendu l'exercice; et lorsque, ces droits devenant avec le temps de plus en plus certains, l'époux présent s'obstine cependant à se maintenir dans une possession à laquelle la probabilité du décès de l'absent donne en quelque sorte un caractère de mauvaise foi, on s'explique difficilement que le législateur ait traité cet époux, en ce qui concerne les fruits, à l'égal de l'envoyé provisoire dont la situation est si essentiellement différente, et qu'à la place de cette proportion croissante, établie à juste titre en faveur de ce dernier, il n'ait pas suivi, à l'égard de l'autre, la proportion décroissante qui eût été évidemment plus logique et plus équitable.

§ III. *Période de l'envoi en possession définitif.*

Lorsqu'il s'est passé trente ans depuis l'envoi en possession provisoire ou depuis l'époque à laquelle a commencé l'administration légale du conjoint présent, sans que l'absent ait reparu ou qu'on ait reçu de ses nouvelles, ou bien encore, lorsqu'il s'est écoulé cent ans depuis la naissance de l'absent, toutes les personnes auxquelles la loi accorde la faculté de se faire envoyer en possession provisoire de son patrimoine ou d'exercer provisoirement les droits subordonnés à la condition de son décès, peuvent, lors même qu'elles n'auraient pas fait usage de cette faculté, soit par négligence, soit par suite de l'option de l'époux commun pour la continuation de la communauté, demander à être envoyées en possession définitive de ce patrimoine ou à exercer définitivement les droits qui leur compètent. Ici la présomption de mort prédomine, et toutes les précautions prises par la loi pour assurer la restitution du patrimoine cessent. Dès lors, il n'y a plus de réserve de fruits en faveur de l'absent.

Nous sommes donc arrivé au terme de notre travail, puisque nous avons parcouru successivement toutes les parties du cadre que nous nous étions tracé.

POSITIONS.

DROIT ROMAIN.

I. L'accession n'est pas un mode d'acquérir.

II. Par *fructus percipiendi*, il faut entendre les fruits que le propriétaire aurait pu lui-même recueillir, si la possession de la chose lui eût été restituée.

III. Au temps de la jurisprudence classique, le possesseur de bonne foi gardait pour lui tous les fruits qu'il avait perçus avant la *litis contestatio*.

IV. Le possesseur de bonne foi fait siens les fruits naturels aussi bien que les fruits industriels.

V. Le légataire n'acquiert les fruits de la chose léguée que du jour où il a mis l'héritier en demeure de délivrer la chose.

VI. L'usufruitier profite des fruits pendants lors de son entrée en jouissance sans avoir à indemniser le nu-propriétaire des frais de culture.

VII. L'usager n'est pas tenu de rendre compte au propriétaire des fruits qu'il n'a pas consommés.

VIII. Le mariage n'est pas un contrat purement consensuel.

DROIT FRANÇAIS.

I. Le possesseur de bonne foi n'a droit qu'aux fruits de la chose qu'il possède, et ne peut garder aucun des autres produits de cette chose.

II. Le possesseur peut être réputé de bonne foi à l'effet d'acquérir les fruits, même en l'absence d'un titre.

III. La bonne foi peut reposer sur une erreur de droit.

IV. L'héritier pur et simple d'un possesseur de mauvaise f acquiert les fruits s'il est lui-même de bonne foi.

V. Le légataire à titre universel n'a droit aux fruits que du jour de sa demande en délivrance.

VI. L'usufruitier d'un troupeau doit remplacer les têtes mortes de bétail avec le croît passé aussi bien qu'avec le croît futur.

VII. Le légataire d'usufruit n'a droit aux fruits que du jour de sa demande en délivrance.

VIII. Le droit du fermier est un droit personnel.

IX. L'usager peut, en principe, exiger d'être mis en possession de la chose frugifère.

X. L'emphytéose n'existe plus en droit français.

XI. Les envoyés en possession provisoire ne peuvent réclamer une part quelconque de la récolte qui est encore sur pied, lorsque l'absent reparaît.

XII. L'antichrésiste ne peut être évincé par un créancier hypothécaire, si la constitution de l'antichrèse a précédé celle de l'hypothèque.

DROIT PÉNAL.

I. Le décès du mari, survenant, après la dénonciation de l'adultère et avant jugement n'arrête pas l'action du ministère public.

II. L'individu condamné par contumace aux travaux forcés, à la réclusion, etc., reste soumis à la surveillance de la haute police après avoir prescrit sa peine.

DROIT DES GENS.

I. Les sociétés anonymes étrangères, quoique régulièrement constituées selon la législation du pays où elles se sont formées, sont exclues du droit d'actionner devant les tribunaux français leurs débiteurs français, si elles n'ont point été autorisées en France par le gouvernement.

II. Les bâtiments de commerce, stationnant dans un port étranger, sont soumis à la juridiction territoriale pour ce qui concerne les délits entre étrangers, notamment entre gens de l'équipage, dont la répression n'intéresse pas exclusivement la discipline et l'administration intérieure du bord.

Vu par le président de la thèse,
MACHELARD.

Vu par l'inspecteur général,
Ch. GIRAUD.

Vu par le doyen de la faculté,
C. A. PELLAT.

Permis d'imprimer.

Pour le vice-recteur :

L'inspecteur de l'Académie,
SONNET.